Bonsais

Wolfgang Kohlhepp

Bonsais

aus heimischen Gehölzen

54 Farbfotos
78 Zeichnungen

E.U.
VERLAG
EUGEN
ULMER

Titelbild: Jürgen Storck, Ohlsbach (großes Foto). (Kleines Foto rechts) Bonsai-Centrum Heidelberg. (Kleines Foto links) Wolfgang Kohlhepp, Oberwern

Frontispiz, Seite 2: Bergkiefer, gestaltet seit 9 Jahren, Höhe 30 cm

Die Deutsche Bibliothek – CIP-Einheitsaufnahme

Ein Titeldatensatz für diese Publikation
ist bei der Deutschen Bibliothek erhältlich

Wollgrasweg 41, 70599 Stuttgart (Hohenheim)
Printed in Germany
Lektorat: Ingeborg Ulmer
Herstellung: Gabriele Wieczorek
Zeichnungen: Wolfgang Kohlhepp
Satz: Typomedia, Ostfildern 3
Reproduktion: BRK, Stuttgart
Druck: Appl, Wemding

ISBN 3-8001-3259-1

Vorwort

In frühen Jahren war Bonsai für mich etwas Geheimnisvolles, etwas wie Magie und Zauberei. So ist es aber nicht. Bonsaigestaltung ist ein Kunsthandwerk wie jedes andere. Jede einzelne Verrichtung ist durch Theorie und Praxis erlernbar.

Heute ist die Bonsaigestaltung eine weltweit verbreitete Kunst, die auch bei uns sehr geschätzt und viel betrieben wird. Schon viele Jahre gestalte ich Bonsais aus einheimischen Gehölzen und habe eine gewisse Erfahrung mit diesen Pflanzen. Diese Erfahrung stelle ich dem Bonsailiebhaber in diesem Buch zur Verfügung. Anhand von Fotoserien und Zeichnungen zeige ich, wie man selbst Gehölze gestalten kann, um nach einiger Zeit relativ interessante Bonsais zu besitzen. Bonsais aus einheimischen Gehölzen haben sich seit Jahren bei uns durchgesetzt, und jeder Bonsaisammler wird gerne auf einheimisches Pflanzenmaterial zurückgreifen; nicht weil der Wald zur Selbstbedienung zur Verfügung steht, sondern aus jahrelanger Vertrautheit mit den einheimischen Pflanzen. Es sind Buchen, Kiefern, Ahorn, Wacholder und viele andere Gehölze, die sich für die Bonsaigestaltung ebenso gut eignen wie die asiatischen, typischen Bonsai-Gehölze und die zudem den Vorteil haben, in unserem Klima mit nur geringen Schutzmaßnahmen zuverlässig winterhart zu sein.

Besonderes Thema in diesem Buch ist deshalb auch weniger die Kunst der japanischen Gestaltungsformen als die Übertragung der natürlichen Wuchsform eines Baumes in der Natur auf die Miniaturform des Bonsai.

Ich habe in dieses Buch mein fachliches Können und Wissen eingebracht. Das konnte aber nur durch die tatkräftige Mitarbeit meiner Frau geschehen und mit den Anregungen von Ingeborg Ulmer, Lektorin im Verlag Ulmer. Bedanken möchte ich mich auch bei meinen Bonsaifreunden, die mir mit Wissen und Erfahrung zur Seite standen. Fotos und Zeichnungen wurden bis auf wenige Fotos von mir angefertigt.

Ich hoffe, allen Lesern, Anfängern und Könnern, mit diesem Buch viele neue Anregungen und Ideen vermitteln zu können.

Wolfgang Kohlhepp
im Herbst 1994

Inhaltsverzeichnis

Einführung

Bonsai als Hobby

Schon seit Jahrhunderten wurden Bäume in China und Japan zu Bonsais gestaltet. Buddhistische Mönche und Priester waren es zunächst, die Bonsais kultivierten und in späteren Jahrhunderten unters Volk brachten. Bonsais können Jahrhunderte alt werden, ohne größer als 60–80 cm zu werden. Durch ständiges Zurückschneiden der neuen Triebe und Äste und durch Reduzieren des Wurzelballens wird das zügige Größenwachstum eingeschränkt. Dazu kommt noch die magere Ernährung der Pflanze, die das Wachstum zusätzlich hemmt. Für jeden, der sich ernsthaft mit Bonsai beschäftigen möchte, sollte es klar sein, daß es ein pflegeintensives Hobby ist und besondere Sorgfalt erfordert, weil es um lebende Bäume und nicht um totes Material geht.

Jeder, der sich mit Pflanzen beschäftigt, muß sich im klaren sein, daß ständige Pflegemaßnahmen, vor allem in der Wachstumsperiode, notwendig sind. Für eine kleine Bonsaikollektion genügt es, wenn man beim täglichen Gießen einen Blick auf die Pflanzen wirft. Der Erdballen muß immer etwas feucht sein. Blätter und Nadeln müssen ab und zu kontrolliert werden, damit keine Schädlinge oder Krankheiten dem Bonsai schaden können. Im Zweifel muß die Pflanze aus dem Topf genommen werden. Im Sommer, wenn die Bonsais kräftig austreiben, müssen sie in Form geschnitten werden. Im Winter benötigen Bonsais keine besondere Pflege, aber einen frostgeschützten Standort im Freien. Alle paar Jahre müssen Bonsais in ein größeres Gefäß umgetopft werden. All diese Einzelverrichtungen machen bei einer kleinen Bonsaisammlung nicht viel Arbeit, aber eine ständige Versorgung und Pflege, auch während der Urlaubszeit, ist nötig.

Die Bonsaiidee ist bei uns noch sehr jung. In Europa wurde sie erst in den siebziger Jahren langsam bekannt. Inzwischen beschäftigen sich Menschen aus allen Berufen und Altersgruppen mit der Gestaltung von Bonsais. Dabei entstanden viele Clubs, Vereinigungen und Gruppen, die ständig Aktivitäten anbieten. Ausstellungen werden organisiert, Seminare abgehalten und Vorführungen von international bekannten Bonsaikünstlern angeboten.

Es ist nicht unbedingt nötig, einem Bonsai-Club oder -Verein anzugehören. Man kann auch alleine sein Bonsaihobby betreiben. Vor allen Dingen ist es wichtig, das Hobby so zu gestalten, daß man Glück und Entspannung dabei empfindet.

Was ist ein Bonsai?

Um es genau zu sagen, sind Bonsais ganz normale Gehölze wie Buchen, Ahorn, Kiefern, Fichten, die man in Gefäße pflanzt und über Jahre pflegt und gestaltet. Bonsai heißt also kleiner Baum im Topf. Grundsätzlich sind alle Gehölze geeignet, die kleine Blätter haben und dicht austreiben. Gehölze mit großen Blättern verwendet man selten oder nicht.

Der Wert eines Bonsai sollte nicht materiell, sondern eigentlich nur ideell sein, wie es in China oder Japan ist. Im Handel haben Bonsais aber oft hohe, geradezu schwindelerregende Preise. Das hat folgenden Grund:

Ein Bonsai benötigt viele Jahre, um eine schöne Gestalt zu bekommen und wie ein alter Baum auszusehen. Für die Gestal-

An frei in der Landschaft stehenden Bäumen lassen sich die natürlichen Wuchsformen gut beobachten

tung werden im Laufe der Jahre auch oft viele Stunden Arbeit investiert. Das läßt sich ein Bonsaihändler verständlicherweise bezahlen. Bonsaihändler sind aber auch oft selbst Sammler und zeichnen ihre Lieblingsbonsais mit besonders hohen Preisen aus, weil sie oft gar nicht interessiert sind, ihre wertvollen Bonsais zu verkaufen. Sehr alte, wertvolle Bonsais werden bei uns recht selten verkauft, denn was wäre ein Bonsaihändler ohne wertvolle Bonsais, die ja schließlich eine Attraktion für die Kunden sein sollen.

Bonsais sind meist keine Zimmerpflanzen und brauchen deshalb ein natürliches, rauhes Außenklima. Zur Zierde können sie aber gelegentlich durchaus für einige Tage in der Wohnung aufgestellt werden. Die größte Freude am Bonsai liegt aber darin, sich mit der Natur zu beschäftigen und an der Pflanze schöpferisch tätig zu sein. Es ist ein ständiges Entdecken, Erfinden und kreatives Arbeiten, das viel Glück beschert.

Einheimische Bonsais und ihre Vorteile

Es gibt eine Reihe von europäischen Gehölzen, die sehr gut für die Bonsaierziehung geeignet sind. Meist sind einheimische Gehölze sogar wesentlich robuster als exotische Arten. Hinzu kommt noch, daß man ihre Bedürfnisse besser kennt, was den Standort, die Bodenbeschaffenheit und mögliche Schädlinge und Krankheiten betrifft. Einheimische Gehölze sind in unseren Klimazonen winterhart und müssen nicht in geschlossenen Räumen überwintert werden.

Viele Fragen sind am natürlichen Standort der betreffenden Bäume zu klären. Angenommen, man möchte einen Bonsai aus einer einheimischen Baumart ziehen, mit der man noch keine Erfahrung als Bonsai hat, so gibt es mehrere Möglichkeiten. Zum einen kann man mit Erde, Licht und Gießwasser an der Pflanze experimentieren, was nicht zu empfehlen ist, oder man

entscheidet sich für die bessere Lösung, indem man sich in der Natur über die Lebensbedingungen des Baumes informiert.

Bei einheimischen Bonsais kann man sich ein genaues Bild über die Lebensbedingungen des Baumes machen, indem man sich den Baum in der freien Natur genauer ansieht und sich folgendes fragt:

- Auf welchem Boden steht der Baum?
- Wieviel Licht benötigt er?
- Ist der Standort schattig oder hell?
- Wächst der Baum nur im Schutz von Wäldern oder Schluchten?
- Bevorzugt er feuchte oder trockene Standorte?

Beispiel
Aus einer Schwarzkiefer soll ein Bonsai entstehen. Auf der Suche nach alten Artgenossen stößt man auf hochgewachsene, lichte Baumbestände. Die Wipfel der Schwarzkiefern sind recht üppig mit Nadeln besetzt. Der übrige Teil der Krone, vor allem im unteren Bereich, ist schon sehr transparent. Dies kommt daher, daß Schwarzkiefern sehr lichthungrig sind und nur im Wipfelbereich ein üppiges Nadelwachstum entwickeln. Daraus ist zu folgern: Schwarzkiefernbonsais benötigen sehr viel Licht, einen Standort einige Meter von Mauern und Gebäuden entfernt und etwas erhöht, damit der Bonsai auch von unten etwas Licht abbekommt. Der Boden von Schwarzkiefern ist oft ein durchlässiger Kalk-Sand- oder Karstuntergrund. Für den Bonsai würde man deshalb einen Boden aus grobem Sand oder Splitt mit etwas Humus wählen. Die Baumform in der Natur muß nicht unbedingt übernommen werden, auch eine traditionelle japanische Form ist möglich.

So können vorbildliche Baumformen jeder einheimischen Baumart betrachtet und als Bonsai nachgestaltet werden. Wer sich intensiver mit Bonsais beschäftigen möchte, sollte es sich zur Gewohnheit machen, auf schöne Bäume im Freien zu ach-

Lichte Kiefern.
Im Rauhreif sind die typischen bizarren Formen der Kiefer besonders deutlich

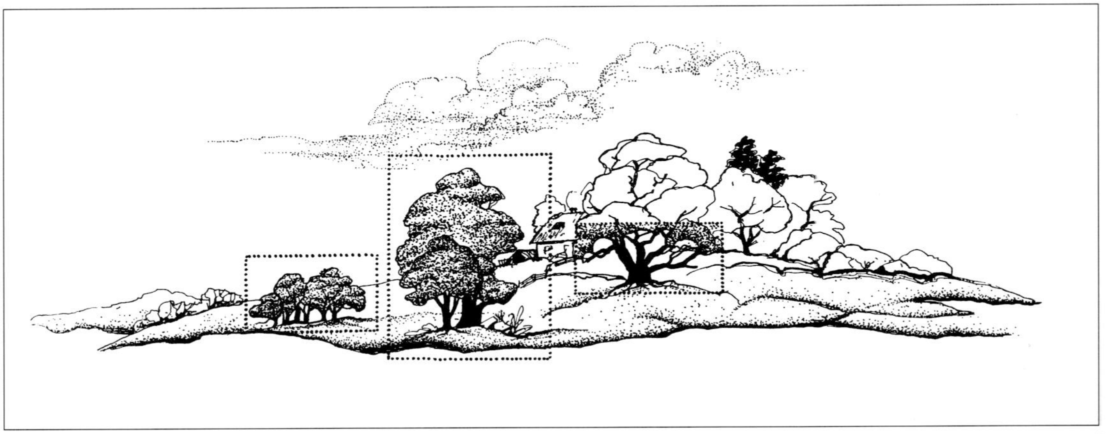

Beim Wandern und Spazierengehen findet man oft die großen Bonsaivorbilder, die man sich gerne etwas näher betrachtet und aus denen man einiges lernen kann

ten und sie zu studieren, in erster Linie diejenigen, an denen er täglich vorbeikommt.

Es ist nicht unbedingt nötig, sich bei der Gestaltung von Bonsais nach den klassischen japanischen und chinesischen Formen zu richten. Bei der Gestaltung mit einheimischen Gehölzen ist es durchaus sinnvoll, sich die einheimischen Baumformen zum Vorbild zu nehmen. Es gibt bei uns sehr schöne Bäume, die es verdienen, als Bonsai nachgestaltet zu werden. Es ist außerdem einfacher, Bäume in der freien Natur zu betrachten und diese als Bonsai nachzugestalten. Es ist einfach faszinierend, sich vorzustellen, daß eine Eiche in einer Größe von kaum 1 Meter mit Ästen und Zweigen schon die Gestalt eines ausgewachsenen Baumes hat. Unter den einheimischen Gehölzen gibt es etwa ein Dutzend, die mit Sicherheit ein gutes Ausgangsmaterial darstellen.

Wer von Zeit zu Zeit Versuche mit Gehölzen macht, die als Bonsai weniger bekannt sind, wird allerdings feststellen, daß nicht jedes Gehölz für die Bonsaigestaltung geeignet ist. So hat zum Beispiel eine Kastanie herrliche Blüten und Blätter und dazu noch eine schön geformte Krone, aber als Bonsai ist sie wegen der riesigen Blätter und Blüten schlecht geeignet. Dagegen sind Weißdornbüsche in der Natur etwas unscheinbar und ohne besonderen Reiz, aber als Bonsai ein sehr schönes Gestaltungsmaterial. Bei der Auswahl von einheimischen Arten ist deshalb zu überlegen:

- Ist die Art kleinblättrig?
- Treibt sie auch aus dem alten Holz noch aus?
- Bildet sie viele Verzweigungen?
- Hat sie einen dichten Austrieb?
- Ist sie wüchsig, auch in kleinen Gefäßen?
- Hat sie einen schön geformten Wurzelansatz?

Neben der Baumart ist aber auch die Beschaffenheit der einzelnen Pflanze ganz entscheidend bei der Auswahl des Ausgangsmaterials.

Baumformen

Klassische Stilarten und Formen nach der Natur

Die Form eines Baumes ist so individuell und persönlich, daß man sich manchmal unsicher ist, ob ein Baum häßlich oder schön aussieht. Es gibt tausende von Baumformen, die für den Bonsaisammler schön sind. Es ist also nicht nötig, zu strenge Maßstäbe zu setzen, denn jeder Mensch hat seinen eigenen Geschmack. Man kann außerdem sagen, Bonsais unterliegen einem Geschmacksempfinden, das von Kontinent zu Kontinent verschieden ist. So findet man in Japan hauptsächlich Bonsais, die wuchtig gewachsen und sehr gut durchgestaltet sind. In Europa zieht man Bonsais vor, die etwas eleganter und teilweise recht schlank sind. In den USA legt man Wert auf eine derbere Gestaltung und auf Bonsais, die oft meterhoch sind.

Auch bei der Gestaltung von Bonsais nach europäischen Baumvorbildern sollte man immer die Grundregeln der japanischen Bonsaigestaltung im Auge behalten. Dies betrifft hauptsächlich die Form der einzelnen Äste und den Wurzelansatz. Die Gesamtform und der Stamm des Bonsai kann europäischen Baumformen nachempfunden werden.

Die klassischen Stilarten lassen sich folgendermaßen charakterisieren:

Streng aufrecht, Chokkan. Durch die unkomplizierte und klare Linienführung ist diese Form die erste und wichtigste Gestaltungsarbeit für den angehenden Bonsaisammler. Viele komplizierte Formen bauen sich auf dieser Form auf. Deshalb ist es ratsam, diese Form genauer zu studieren. Als Anfänger wird er mit der Gestaltung einer streng aufrechten Form auch am leichtesten zurechtkommen.

Streng aufrecht
Foto Seite 101
Zeichnung Seite 12

Besenform, Hokidachi. Im laublosen Zustand haben Besenformen eine sehr filigrane, grafische Wirkung. Zum größten Teil werden für die Form Zelkoven und Ulmen verwendet. Die Äste entspringen aus einem zentralen Punkt und strecken sich gleichmäßig in alle Richtungen. Selbst die Wurzeln verlaufen waagrecht in alle Richtungen.

Besenform
Foto Seite 68
Zeichnung Seite 12

Bei der Besenform bildet sich kein dominanter Ast, sondern mehrere Äste wachsen in gleicher Stärke. Im Lauf der Entwicklung kommt es vor, daß einzelne Äste sich behaupten. Solche Äste müssen stark eingekürzt oder entfernt werden.

Zwillingsstamm, Sokan. Eine Zwillingsstammform kann aus einer Wurzel wachsen oder auch aus zwei getrennten Wurzeln. Bei der Auswahl der Pflanzen ist es gut, wenn man eine stärkere und eine schwächere Pflanze verwendet. Dadurch entsteht eine bessere Harmonie. Eine Zwillingsform muß nicht immer streng aufrecht sein. Sie kann auch etwas geneigt sein.

Zwillingsstamm
Foto Seite 89
Zeichnung Seite 12

Floßform, Ikada-buki. Die Floßform ist eine Form, die wenig in den Bonsaisammlungen zu finden ist. Sie wird aus einem umgekippten Baum gebildet, der mit dem Stamm waagrecht auf dem Boden liegt und sich neu bewurzelt. Die ursprünglichen Äste stehen fast senkrecht und bilden im Laufe der Jahre mehrere Stämme.

Floßform
Zeichnung Seite 13

Für die Herstellung verwendet man Rohpflanzen, die einseitig viele Äste haben. Sie bilden später die Stämme. Unbrauchbare Äste an der Gegenseite werden direkt am Stamm abgenommen. Die astlose Längsseite des Stammes wird etwas eingekerbt. So können sich schneller Wurzeln bilden. Mit Stoffbändern oder Bast wird die Pflanze in die Erde gepreßt.

Streng aufrecht, Chokkan
Links: Gedrahtetes Stämmchen einer Jungpflanze. Rechts ist der spätere Zustand angedeutet

Unten links: Besenform, Hokidachi

Unten rechts: Zwillingsstamm, Sokan

Floßform,
Ikada-buki
aus einem waagrecht in die Schale gelegten Stamm.
Die Äste werden an einer Seite entfernt, die Rinde eingekerbt.
Mit Bändern wird der Stamm befestigt, bis er bewurzelt ist

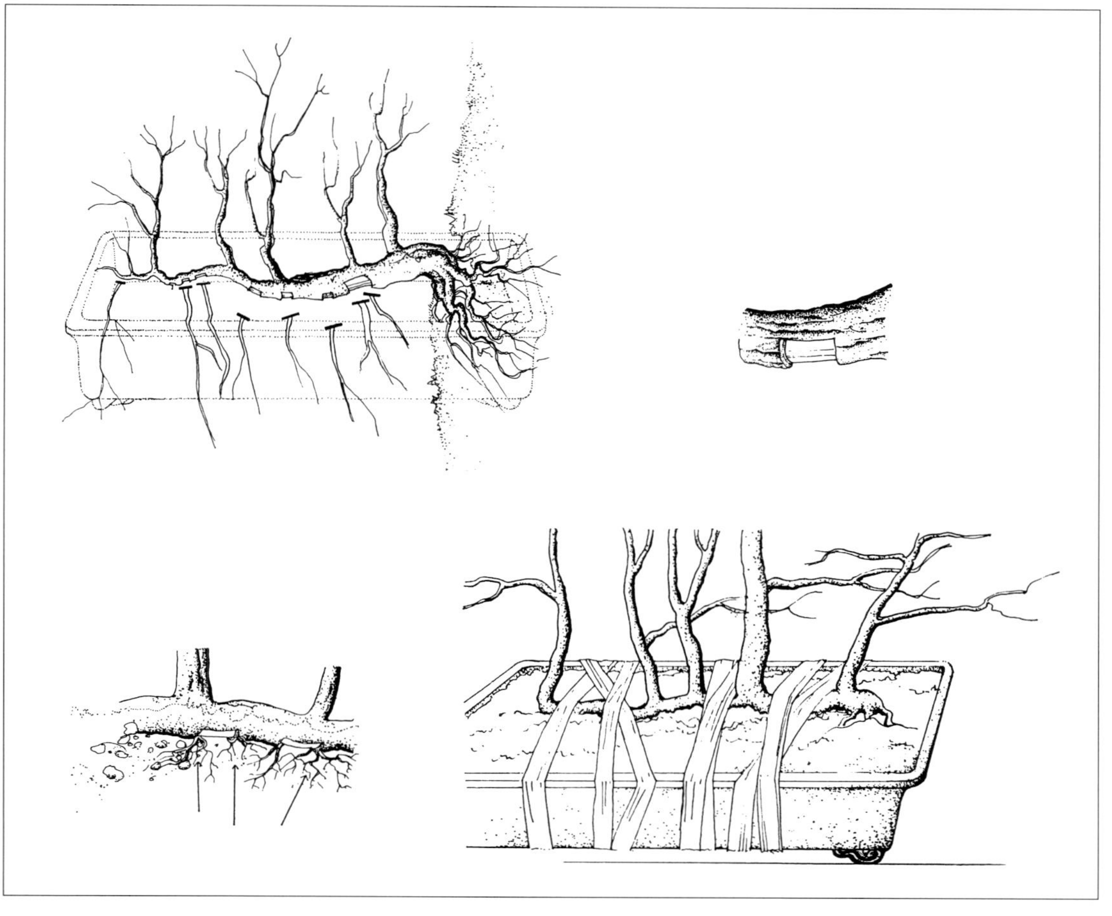

Mehrfachstamm, Kabudate

Windgepeitscht Zeichnung Seite 17

Geneigter Stamm Foto Seite 67 Zeichnung Seite 16

Literatenform Zeichnung Seite 16

Mehrfachstamm, Kabudate. Ähnlich wie bei einer Floßform entspringen mehrere Stämme aus einer Wurzel. Dabei kann die Hauptform frei aufrecht sein, geneigt oder windgepeitscht.

Halbkaskade, Han-kengai. Die ursprüngliche Form der Halbkaskade kommt im Gebirge auf schrägem Untergrund vor. Bei der Gestaltung von Halbkaskaden darf der am tiefsten liegende Ast nicht unter die Schalenunterkante reichen. Als Schalen benutzt man halbhohe, runde, quadratische oder sechseckige Schalen.

Kaskade, Kengai. Kaskadenformen kommen in der Natur an Steilhängen und senkrechten Felswänden vor. Sie verwurzeln sich sehr tief im Felsen und passen sich tief hängend dem Felsuntergrund an. Kaskadenbonsais plaziert man auf hohen Bonsaitischen, damit sie richtig zur Geltung kommen.

Literatenform, Bunjingi. Eine recht eigenwillige Form, mit engen Stammwindungen und leicht geneigter Stammführung. Sie wird gerne aus Nadelgehölzen gezogen. Für das Grundmaterial verwendet man sehr dichtes, bis zum Boden beastetes Material, das im unteren Bereich kahl geschnitten wird. Eine sich nach oben verjüngende Stammform auf einem sehr kräftigen Stammansatz ist eine sehr wichtige Voraussetzung. Der Wipfel der Pflanze muß gut ausgeformt werden. Die Astpartien müssen etwa 3- bis 7mal abgestuft sein.

Windgepeitscht, Fukinagashi. Die Bezeichnung bedarf keiner Erklärung. Sehr schönes Anregungsmaterial findet man am Meeresstrand, wo Wind und Wetter immer in eine Richtung blasen und so die windschiefen Formen entstehen.

Geneigter Stamm, Shakan. Eine Form, die oft zu finden ist. Alle Gehölzarten lassen sich in dieser Form ziehen. Es können Bonsais mit dünnen oder auch sehr dicken Stämmen sein. Nach Möglichkeit sollte ein ausgeprägtes Wurzelbild sichtbar sein, so daß der Eindruck entsteht, als wäre der Baum durch einen Sturm aus der Verwurzelung gerissen.

Halbkaskade, Han-kengai

Kaskade, Kengai

Oben links: Literatenform, Bunjingi
Oben rechts: Geneigter Stamm, Shakan

Die Größe eines Bonsai

Bonsais können sehr unterschiedliche Größen haben. Die kleinsten sind nur etwa 8 cm groß, aber es gibt auch stattliche Bäume von 130 cm Größe. Dabei ist es keineswegs so, daß die kleinen jung und die großen alt und im Laufe der Jahre

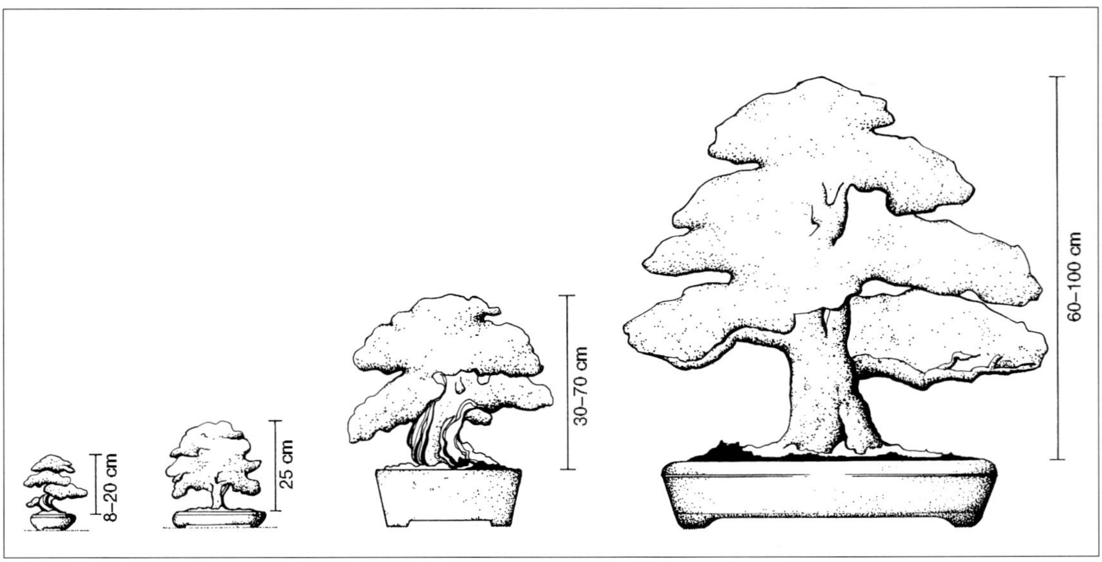

Windgepeitscht,
Fukinagashi

Die Größe eines
Bonsai

Kastanie
Beschreibung
Seite 86

Rechte Seite:
Wenn man sich längere Zeit mit Bonsaigestaltung beschäftigt, schult man im Laufe der Zeit sein Auge und kann schnell Charakterunterschiede feststellen:

Ein großer Laubbaum hat im Sommer eine geschlossene Krone und im Winter eine interessante grafische Wirkung mit seinem filigranen Astverlauf.

Aufgelockerte Astpartien halten optisch die Gruppe zusammen. Mehrere Bäume bilden eine gemeinsame Krone, die sehr wuchtig wirkt (rechts)

gewachsen sind. Die künftige Größe eines Bonsai wird schon zu Beginn der Gestaltung in etwa festgelegt. Meist sind die wesentlichen Leitäste zumindest im Ansatz bereits vorhanden und sie sind auch mitbestimmend, in welchem Stil der Bonsai gestaltet werden kann. Im Laufe der Jahre wächst ein Bonsai zwar um einige Zentimeter, im wesentlichen beschränkt sich sein Wachstum aber auf das Ausfüllen und Verdichten der angestrebten Idealform. Die ideale Größe eines Bonsai hängt in erster Linie von der Blattgröße ab. Gehölze mit kleinen Blättern können in allen Größen gestaltet werden. Gehölze mit großen Blättern oder langen Nadeln brauchen eine Mindestgröße, damit sie maßstabsgetreu dargestellt werden können. So muß eine Kastanie beispielsweise eine Größe von 1,20–1,50 m haben, um harmonisch zu wirken.

Geeignete Bäume für die verschiedenen Größen

- 8–20 cm: Wacholder, Felsenmispel, Rhododendron, Fichten
- 20–30 cm: Berberitze, Feldahorn, Felsenahorn, Hartriegel, Bergkiefer mit kleinen Nadeln
- 30–70 cm: Birke, Haselnuß, Kiefer, Eschenahorn, Ulme
- 60–100 cm: Buche, Eiche, Holunder, Bergahorn, Spitzahorn, Schwarzkiefer, Lärche, Linde, Esche, Eschenahorn
- 100–130 cm: Platane, Kastanie, Schwarzkiefer, Holunder, Akazie, Blauregen.

Gut gestaltete Bonsais sind idealisierte und verschönte Bäume in Kleinformat. Um sich in Form und Stil zurechtzufinden, muß man wissen, welche Form man mit welcher Baumart gestalten kann. Man kann zum Beispiel aus langnadligen Kiefern keine kleinen Bonsais gestalten, die proportional noch im richtigen Größenverhältnis stehen. Das heißt, ein Bonsai in der Größe von 15 cm und mit einer Nadellänge von 8–10 cm ist schlecht proportioniert. Es gibt eine große Anzahl von Bonsaiformen und Charakteren, denen der Bonsaianfänger nicht gewachsen ist. Es ist deshalb ratsam, Formtypen zu wählen, die leicht zu verstehen sind und trotzdem eine enorme Austrahlung besitzen. Das sind in erster Linie die Formen, die aufrecht oder etwas geneigt wachsen oder eine leicht geschwungene Gestalt haben. Komplizierte, bizarre und übertrieben dynamische Formen sollte der Anfänger nicht gestalten.

Komplizierte Bonsaiformen gestaltet man erst, wenn man etwas mehr Erfahrung gesammelt und mehr Formgefühl bekommen hat. Diese Erfahrung bekommt man nicht allein durch Fachbücher und Zeitschriften, sondern sie setzt ein jahrelanges praktisches Training mit lebendem Material voraus, denn Bonsaigestaltung lernt man durch Bonsaigestaltung.

Immer wieder wird gefragt, ob man alte Bäume brauche, um Bonsais zu ziehen. Die Antwort ist, daß das Alter von Bonsais oft überbewertet wird. Selbst jugendliche Bonsais können schon sehr ausdrucksstark sein, wenn sie eine gute harmonische Astaufteilung und einen schön geformten Stamm besitzen. Man muß also nicht unbedingt alte Pflanzen für die Bonsaierziehung verwenden. Es gibt aber Bonsaiformen, die man nicht mit Jungpflanzen erreichen kann. Dazu gehören die Formen mit aufgespaltenem Stamm oder geschälten Ästen und die extrem bizarren Formen. Im Freien werden Bäume von Wind und Wetter beeinflußt. Hier ist die Natur der Gestalter.

Sehen und behalten, gestalten nach der Natur

Das Sehen und Betrachten von Bäumen und Sträuchern ist eine wichtige Vorarbeit für den Bonsaigestalter, denn ein geübtes Auge kann schnell eine harmonische Baumform beurteilen. Um das Formgefühl für die Bonsaigestaltung zu fördern, ist es vorteilhaft, sich Skizzen und Fotos zu machen und sie in einem kleinen Archiv zu sammeln, damit bei Bedarf genügend Vorlagen zur Verfügung stehen.

Ein Bonsai ist ein Baum im kleinen, mit allen Einzelheiten, die ein Baum in der

Natur auch hat, wie schön geformte Äste und Zweige, eine rauhe Rinde, ein kräftiger Stamm mit wuchtigen Wurzelansätzen. Ziel ist, schöne harmonische und vor allem gesunde Baumformen zu gestalten, es sei denn, es handelt sich um besondere Effekte. So können Bonsais künstlich gealtert werden, indem man Ast- und Stammteile absterben läßt (siehe Seite 29). Bei der Betrachtung einer Baumform ist vielerlei zu beachten: Wie verläuft der Stamm? Ist er gerade, gebogen, geneigt oder bizarr geformt? Wie sind die Äste angeordnet? Hat der Baum eine harmonische Baumkrone?

Alle diese Überlegungen können nützlich sein. Beim Studieren von Bonsaivorbildern in der Natur wird man sich auch Gedanken machen, welches Gestaltungsmaterial für eine Nachgestaltung verwendbar wäre. Das Vorbild einer alten Fichte muß nicht immer aus Fichtenrohmaterial nachgezogen werden. Auch ein Wacholder kann dazu verwendet werden. Für das Vorbild einer Platane kann auch ein kleinblättriger Feldahorn Verwendung finden.

Ob im flachen Land, im hügeligen Gelände oder im Hochgebirge, jede Landschaft hat ihre typische Baumform; sei sie streng aufrecht, flach oder geneigt, skurril und bizarr. So wachsen Bäume im Flachland meist gerade und relativ hoch. Der stangenförmige Stamm fällt auf. Im hügeligen Gelände oder Mittelgebirge entwikkeln sich Bäume etwas mehr in die Breite. An der See wachsen sie oft in eine bestimmte Richtung, nämlich in Windrichtung. Im Hochgebirge haben Bäume eine gedrungene Wuchsform mit sehr wuchtigem und konischem Stamm.

Bizarre und verwitterte Bäume sind gute Vorbilder für Bonsais

Bonsaigestaltung

Schneiden der Äste

Um Größe und Form von Bonsais zu beeinflussen, werden die Pflanzen zurechtgeschnitten. Das Schneiden von Ästen und Trieben gehört mit zu den ersten Verrichtungen, die an der lebenden Pflanze ausgeführt werden.

Der Anfänger gestaltet zunächst kleinblättrige, schnellwüchsige Laubbäume. Um das Formgefühl zu üben, schneidet man am Anfang die Baumkrone bogenförmig zurecht. Einzelne Astpartien einzuschneiden, bereitet dem Anfänger zunächst Schwierigkeiten. Um überflüssige und unpassende Äste zu erkennen, bedarf es einiger Erfahrung.

Drei Grundregeln lassen sich aber relativ schnell erlernen:

- Von Ästen, die gegenständig angeordnet sind, also einander gegenüberstehen, muß einer abgeschnitten werden.
- Äste, die sich kreuzen, müssen entfernt werden.
- Zu dünne Äste, die aus dem Stamm wachsen, müssen ebenfalls entfernt werden.

Solche Maßnahmen sind nötig, um einen klaren, natürlichen Bonsai zu bekommen.

Werkzeuge für den Schnitt

- Eine schmale Bonsaischere für feine Äste und Triebe,

Links: Um einen Bonsai klein und kompakt zu gestalten, werden die Äste regelmäßig zurückgeschnitten

Rechts: Eine gut gewachsene Jungpflanze wird auf Bonsaimaße zurückgeschnitten

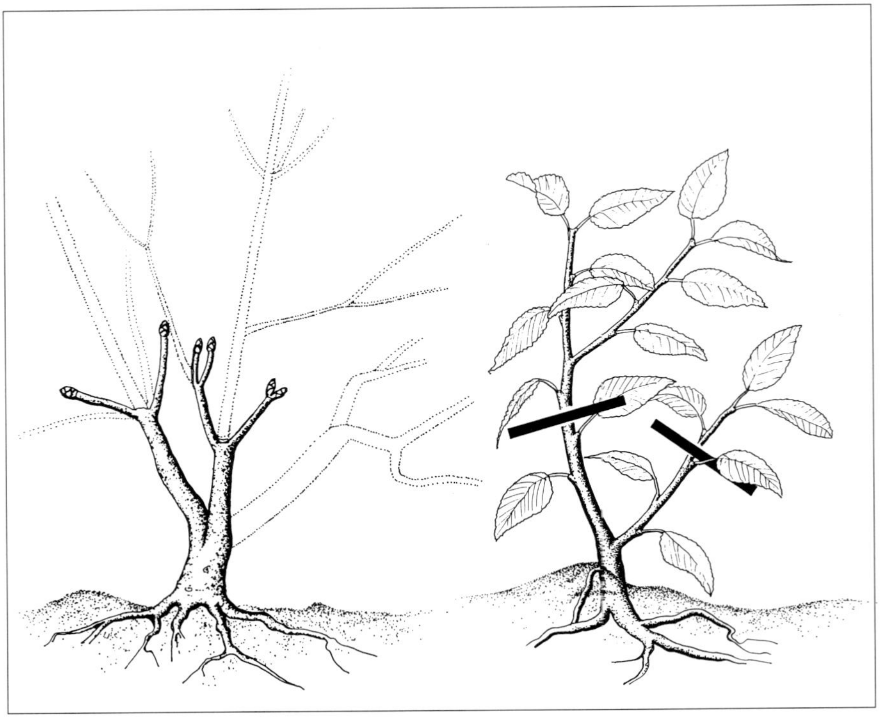

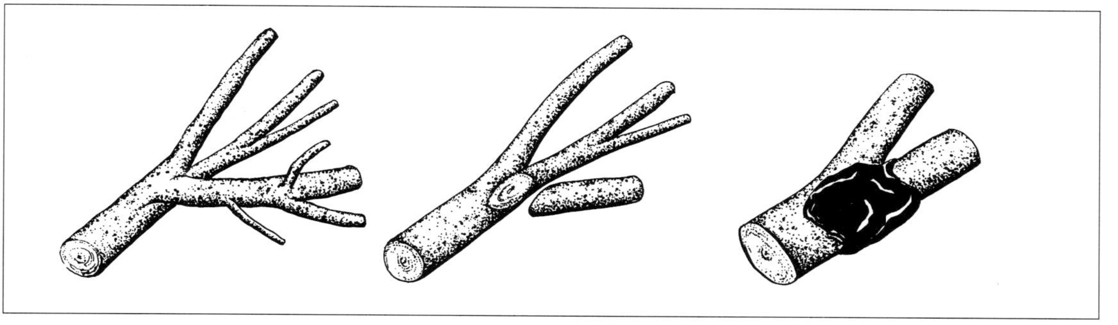

- eine Konkavzange für mittelstarke Äste,
- eine Klappsäge für dicke Äste,
- eine Knospenzange, um starke Schnittstellen auszuhöhlen.

Schnittstellen sind Angriffsflächen für Bakterien, Pilze und Insekten und müssen deshalb mit einem dafür vorgesehenen Wundverschlußmittel behandelt werden. Es gibt verschiedene Mittel, wie sie auch im allgemeinen Gartenbau zur Baumpflege verwendet werden. Flüssiger Lacbalsam auf Acrylbasis kann auch bei feuchter Witterung oder wenn Pflanzensaft aus der Wunde ausläuft, aufgetragen werden. Wundkitt ist eine knetförmige Masse, die sich mit dem feuchten Daumen auf die trockene Wunde aufpressen läßt. Für Bonsais reichen diese beiden Wundmittel aus.

Die richtige Zeit für den Astschnitt ist der Winter oder das zeitige Frühjahr, während der Ruhezeit der Pflanzen. Der Baum verliert dadurch keinen Saft aus der Wunde und wird den Eingriff leichter überstehen. Feine Äste und neue Triebe können das ganze Jahr beschnitten werden, ohne daß es der Pflanze schadet.

Für eine gute Grundgestaltung durch Schneiden der Äste ist es wichtig, schon die Rohpflanze gut auszuwählen. Bonsaigeeignete Pflanzen müssen von unten bis oben gleichmäßig beastet sein. Damit wichtige Äste ausgewählt werden können, muß die Pflanze möglichst dicht beastet sein. Pflanzen, die wenige Äste haben und dazu noch an der falschen Stelle, sind für die Gestaltung meistens ungeeignet.

Um beim Herausschneiden von Ästen den richtigen Ast abzuschneiden, kann man mit der Hand den betreffenden Ast abdecken. Dadurch sieht man, ob der Ast entfernt werden muß oder stehenbleiben darf. Rohpflanzen, die nur spärlich beastet sind, lassen nur wenig Formmöglichkeiten zu. Es gehört jahrelange Erfahrung dazu, um aus solchen Pflanzen etwas Brauchbares zu machen. Durch den ersten recht radikalen Schnitt wird auch ein neuer

Astquirle müssen bis auf zwei Äste reduziert werden. Die Schnittstellen werden mit Baumwachs verschlossen

Unten: Ein jahrelang vernachlässigter Bonsai verwildert und verliert sein baumartiges Aussehen. Nur durch radikalen Rückschnitt kann wieder eine saubere, klare Bonsaiform hergestellt werden (Mitte), aus der allmählich eine geschlossene Form aufgebaut wird (rechts)

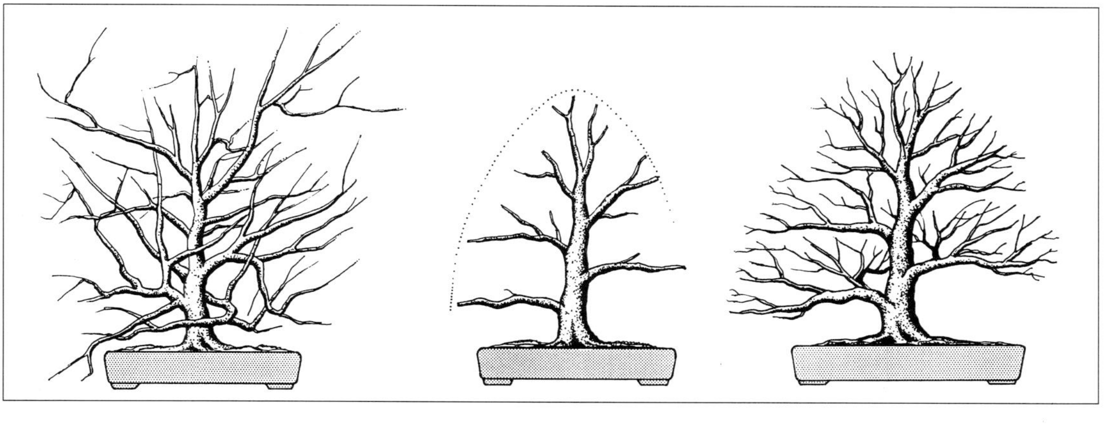

Damit Schnittstellen schneller verwachsen und die Bäume kräftig durchtreiben, kann man Bonsais vorübergehend in große Gefäße pflanzen. Die punktiert angedeuteten Zweige sind Austriebe, die aus vorhandenen Knospen zu erwarten sind

Zurücknehmen von Kieferntrieben Ende April bis Mitte Mai. Rückschnitt mit der Schere, wenn neue Verzweigungen erwünscht sind. Am alten Holz bilden sich viele neue Knospen. Das Herauszupfen der Triebkerzen mit Finger oder Pinzette verhindert den Neuzuwachs nach vorne, fördert aber keine neuen Triebe am alten Holz

Astaustrieb angeregt. Dies ist wichtig für die zukünftige Gestaltung des Bonsai.

Schneiden der Triebe

Im Frühjahr, wenn sich neue Triebe bilden, müssen diese mit einer Pinzette, einer Schere oder dem Daumen und Zeigefinger herausgenommen werden. Läßt man diese Neutriebe wachsen, wird die Pflanze in den nächsten Monaten völlig außer Form geraten. Vor allem aber wird die Hauptwuchskraft auf die Pflanzenspitze gelenkt. Die unteren Äste verkümmern oder sterben ganz ab. Man muß also den Neuaustrieb immer zurücknehmen, damit die Pflanze gleichmäßig austreibt und eine harmonische Form entwickelt.

Laubbäume werden den ganzen Sommer über zurückgeschnitten. Wieviel, hängt von der Bonsaiform und der Größe ab, die man erreichen will. So läßt man einem kleinen Bonsai etwas mehr Wachstum und einem großen von 60–80 cm weniger Größenwachstum.

Nadelgehölze werden nur im Frühjahr mit Schere und Pinzette ausgeschnitten und ausgezupft. Im Sommer werden lediglich zu stark wachsende Triebe herausgenommen.

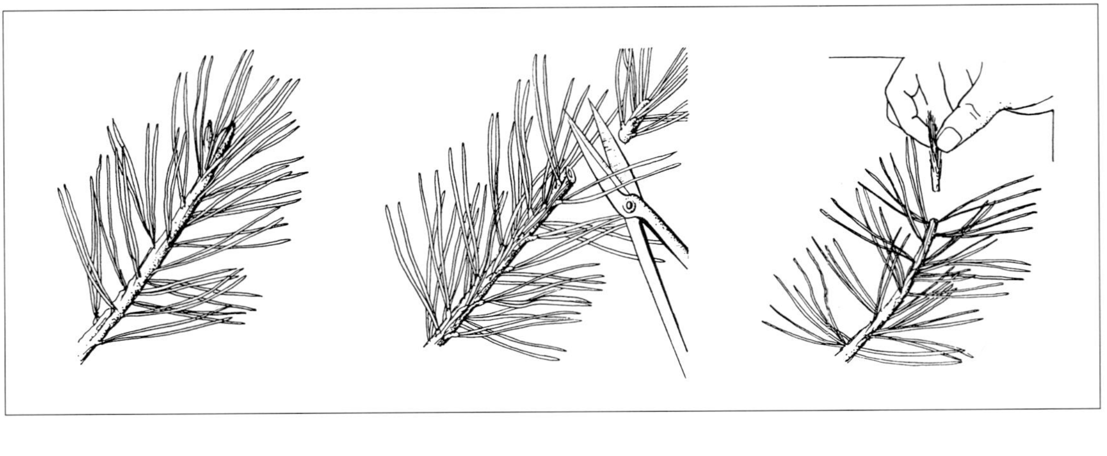

Blattschnitt.
Auf einer Seite sind die Blätter dieser Hainbuche bereits entfernt

Schneiden der Blätter

Um einem Bonsai ein harmonisches Aussehen zu geben, muß die Blattgröße zu der Bonsaigröße passen. Ein Bonsai in der Größe von 20 cm mit Blättern von 10 cm und mehr wirkt nicht harmonisch. Hier gibt es die Möglichkeit, die Blätter zu schneiden. Allerdings vertragen nicht alle Laubgehölze einen Blattschnitt (dazu genaueres in den Beschreibungen der Arten). Von Anfang Juni bis Anfang Juli, wenn die ersten Blätter ausgereift sind, werden diese abgeschnitten. Nach etwa vier Wochen sind neue Blätter nachgetrieben, diese sind kleiner und zahlreicher. Bei Gehölzen mit langen Blattstielen läßt man die Stiele stehen und schneidet nur das Blatt ab. Blätter ohne Stiele zupft oder schneidet man mit der Schere oder dem Blattschneider direkt am Zweig ab. Vereinzelt werden im Laufe des Sommers größere Blätter wachsen, diese entfernt man bei Bedarf. Vor und unmittelbar nach dem Blattschnitt

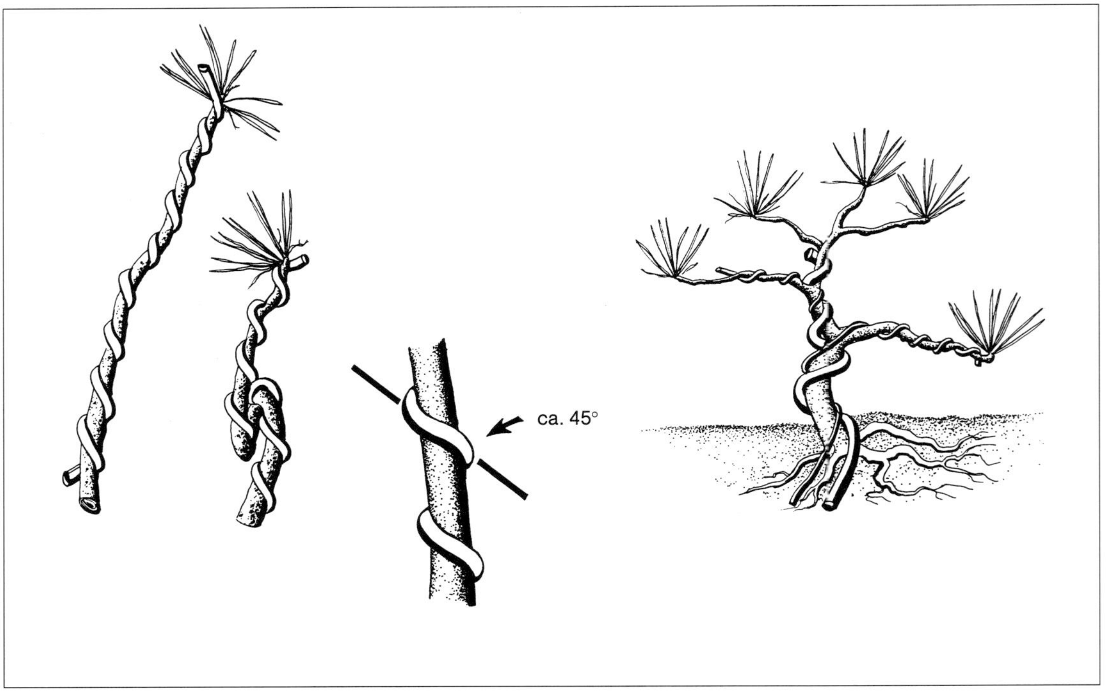

Drahten der Äste und dünnen Stämme, damit man sie in Form biegen kann. Zur Erstformung werden alle Äste durchgedrahtet. Der Draht wird in einem Winkel von etwa 45° angelegt

darf nicht gedüngt und sollte weniger gegossen werden. Die Pflanze muß etwas schattiert aufgestellt werden, bis sich wieder neues Laub gebildet hat. Ein Blattschnitt ist immer eine enorme Belastung für den Baum und sollte nur an kräftigen, ganz gesunden Exemplaren vorgenommen werden, und nur an solchen, die nicht auch kurz zuvor einen starken Astschnitt ins alte Holz haben überstehen müssen.

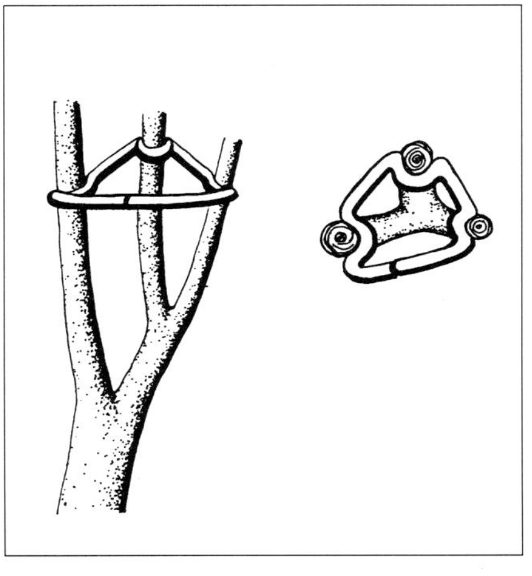

Abstandhalter zur Korrektur von zu eng stehenden Astvergabelungen kann man sich selbst aus einem 5–6 mm dicken Draht biegen

Drahten, Klammern und Spannen

Um Äste und Stamm eines Bonsai in Form zu bringen, ist es unerläßlich, mit Draht zu arbeiten. Gleich, ob man Äste mit Draht umwickelt oder mit einem Spanndraht herunterbindet, alle Drahttechniken sind für die Bonsaiformung sehr wichtig.

Das Drahten ist die aufwendigste Bonsaitechnik, vor allem bei Nadelgehölzen. Hier müssen sämtliche Äste bis in die Triebspitzen gedrahtet werden. Bei Laubgehölzen kann die Form meist durch Herausschneiden von Ästen ganz gut reguliert werden und Drahten nur verschiedentlich nötig sein. Bei glattrindigen Gehölzen, wie Buchen, Ulmen, Ahorn, Linden darf der Draht nur kurze Zeit an der Pflanze bleiben, denn ein eingewachsener Draht am Stamm kann Jahrzehnte eine unschöne Abzeichnung bleiben. Anders ist es bei Wacholder oder Kiefern. Diese sind rauhrindig, und Drahtnarben verwachsen sich relativ schnell. Allerdings darf der Draht im Stammbereich nicht einwachsen, sonst

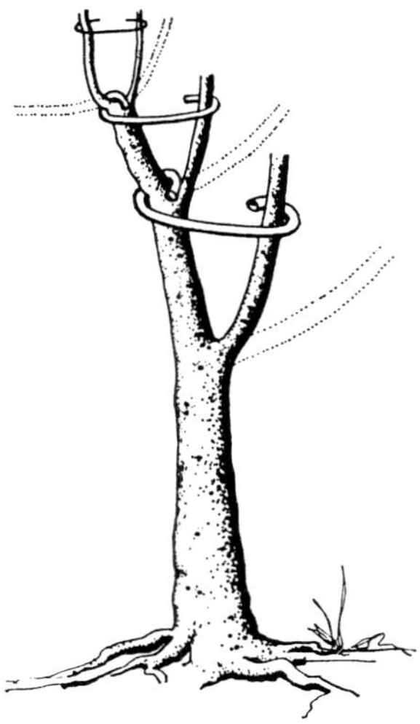

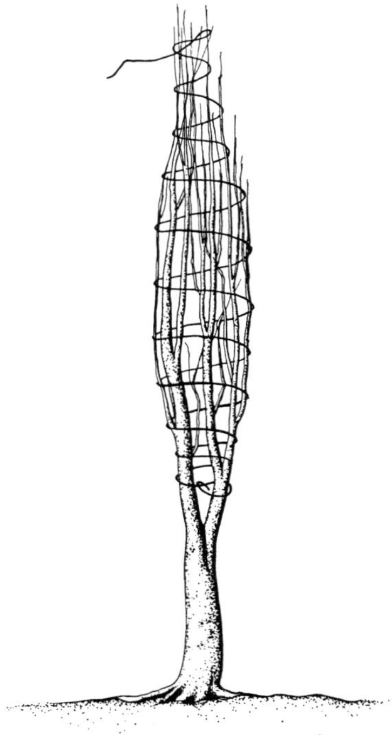

Links:
Um Äste zusammenzuziehen, kann man Drahthaken verwenden

Rechts:
Junge Ulmen, die in Besenform gestaltet werden sollen, werden nach dem Laubfall wie ein Besen zusammengebunden. Bindematerial ist dünner Bonsaidraht, Bast oder Bindfaden

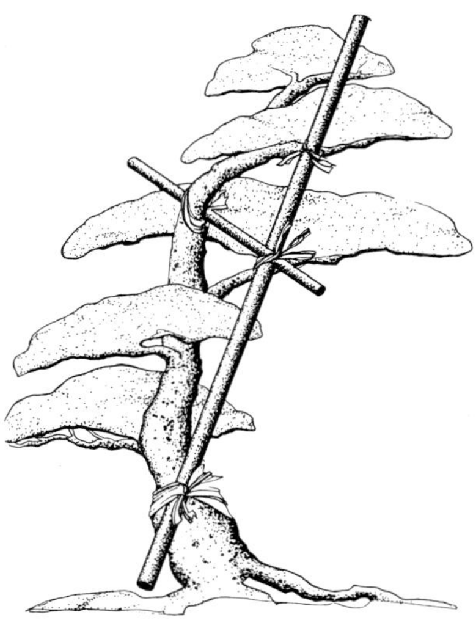

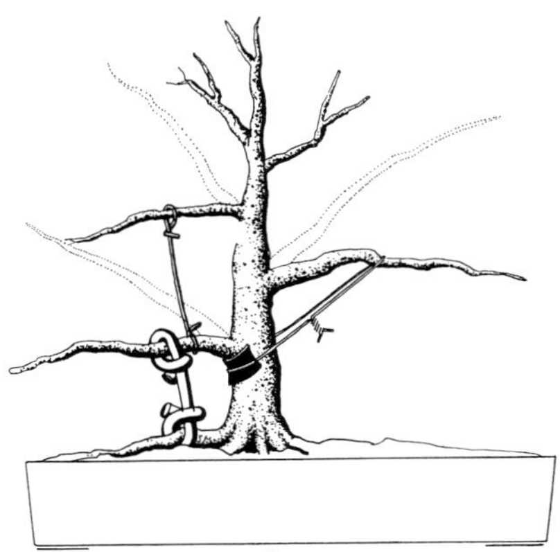

Links:
Bonsaistämme, die mit Draht nicht mehr formbar sind, können mit einem zurechtgeschnittenen Bambusstab beigezogen werden

Rechts:
Verschiedene Draht- und Klammertechniken

entsteht auch hier eine spiralförmige Drahtnarbe.

Gedrahtet wird am besten im Winter oder zeitigen Frühjahr, wenn auch die Schnittmaßnahmen durchgeführt werden. Dann sind die Laubbäume noch ohne Laub und alle Äste gut erreichbar.

Mit einsetzendem Saftfluß, Austrieb und Wachstum im Frühjahr werden die Äste schnell dicker, deshalb muß der Draht sehr locker um die Zweige gelegt und in der Folge laufend kontrolliert werden, damit er nicht ins Holz drückt oder gar einwächst. Nach etwa drei Monaten ist die gewünschte Form in der Regel stabilisiert und die Drähte können entfernt werden. Sie werden mit einer Drahtzange vorsichtig abgezwickt, nicht abgewickelt, da dabei leicht Äste abbrechen könnten.

Richtiges Drahten verlangt Übung und Geschick. Man kann das Drahten an Zweigen aus dem Garten oder Wald üben, bevor man sich an gebrechliche Bonsaiäste wagt. Als Draht benutzt man handelsüblichen Bonsaidraht aus verkupfertem Aluminium in verschiedenen Stärken von 0,7–7 mm. Um die richtige Drahtstärke zu ermitteln, gilt als Faustregel: Drahtstärke = ⅓ des zu drahtenden Astes. Bei einem Ast von 1 cm Stärke benötigt man also eine Drahtstärke von ca. 3 mm. Eisendraht oder Drähte, wie sie in der Floristik verwendet werden, sind nicht geeignet, weil sie nicht geschmeidig genug sind und rosten.

Bei der Erstgestaltung eines Bonsai aus einer Rohpflanze drahtet man die Äste alle durch, bis in die feinsten Astpartien. Kein Ast darf einen anderen kreuzen. Anschließend formt und ordnet man Ast für Ast.

Das Drahten eines Bonsai dient nicht der Dekoration eines Baumes, sondern nur der Formverbesserung und Formveränderung. Gedrahtete Bonsais dürfen nicht ausgestellt oder auf Schauen gezeigt werden.

Drahtklammern setzt man da ein, wo eine Umwicklung mit Draht keine Wirkung mehr zeigt, zum Beispiel bei starken Ästen und Stämmen. Bei Mehrfachstämmen kann man mit Drahtklammern die einzelnen Stämme ausrichten und korrigieren. Bei dieser Verrichtung muß mit

Gestaltung einer Kiefer.
Linke Seite: Sechsjährige Schwarzkiefer aus der Baumschule

Darunter: Die gedrahtete und geformte Pflanze

Ein Jahr später: Form und Größe sind bereits angedeutet.
Nach 6–8 Jahren wird die Pflanze die nötige Stammdicke und dichte Nadeln haben

viel Kraft gearbeitet werden. In diesem Fall ist regelmäßig zu überprüfen, ob der Draht nicht einwächst, und von Zeit zu Zeit sind die Klammern zu versetzen. Damit die Rinde des Baumes beim Klammern geschont wird, wird ein Stück Leder unter die Klammern gelegt.

Das Abspannen von Ästen mit Draht ist da sinnvoll, wo sich große, starke Äste nicht mehr drahten lassen. Das Herunterspannen von Ästen ist natürlich nicht so aufwendig wie das Umwickeln. Die Nachteile beim Abspannen von Ästen liegen darin, daß ein Ast nur in eine bestimmte Richtung geformt werden kann. Diese Technik wird hauptsächlich da eingesetzt, wo sich Äste nach oben strecken und nach unten gespannt werden müssen. Es wird etwas Zeit und Übung in Anspruch nehmen, bis man am Bonsai exakt mit Draht arbeiten kann. Es ist deshalb zu empfehlen, immer wieder Gehölze übungsweise mit Draht zu umwickeln und zu formen. Nur durch regelmäßiges Training verbessert man sich.

Kleinhalten von Nadeln und Trieben bei Kiefern und Fichten

Unsere einheimischen Kiefern haben oft zu lange Nadeln, vor allem die Schwarzkiefern. Diese Nadeln können etwas reduziert werden, indem man weniger gießt und das Erdgemisch mager hält. Auch die Düngung muß sparsamer ausfallen.

Um bei Kiefern und Fichten die Gesamtform kompakt und harmonisch zu halten, werden bei Kiefern die neuen Triebkerzen von April bis Mitte Mai herausgebrochen. Bei Fichten läßt man die Triebe austreiben und knipst die Hälfte oder zwei Drittel heraus. Durch radikales Herauszupfen oder Schneiden mit der Scherenspitze werden sich im Laufe des Sommers im benadelten Bereich Neutriebe bilden, die sehr fein sind, sich aber im kommenden Jahr entfalten. Ein Jahr darauf werden die neuen Triebkerzen austreiben. Man läßt sie ziemlich lang treiben und bricht sie dann auf ein Drittel oder ein Viertel ihrer Länge heraus. Von September bis Ende Oktober werden die zwei- bis dreijährigen Nadeln ausgezupft oder geschnitten. Über die Form hinausragende Nadeln können bündig gestutzt werden. Diese Methode kann bei Bergkiefern, Schwarzkiefern und Föhren angewandt werden.

Abmoosen von Bonsais

Bonsais werden abgemoost, wenn ein zu hoher Stamm die Harmonie des Baumes stört, außerdem bei häßlichen und ungleichmäßigen Wurzeln oder wenn der Stamm des Baumes sich nach unten verjüngt. Auch schöne Zweige an freiwachsenden Gehölzen können abgemoost werden. Das Abmoosen wird bei Bonsaisammlern in Deutschland nicht so oft angewandt wie in Japan. Es ist aber bei vielen Bonsais notwendig, um eine bessere Form zu erreichen oder um aus einem schönen bonsaiähnlichen Ast einen neuen Bonsai zu gewinnen. Die Technik selbst ist nicht besonders schwierig. Bei Nadelgehölzen ist sie etwas langwieriger als bei Laubgehölzen.

Die Technik bei Laubgehölzen

Angenommen, man möchte einen Bonsai mit schlecht geformtem Stamm abmoosen, so wird oberhalb der ungünstig geformten Stelle eine Rille um den Stamm oder Ast geschnitten und ein Rindenstreifen herausgetrennt. Anschließend bindet man etwas Sphagnummoos um den Einschnitt. Mit einem Metallfliegengitter legt man einen großzügigen Käfig um die Stelle und füllt ihn mit Bonsaierde auf. Die Pflanze wird normal weitergegossen. Im Spätherbst wird die Einschnittstelle kontrolliert. Dazu öffnet man das Drahtgitter und entfernt Erde und Moos vorsichtig. Sind Wurzeln gleichmäßig vorhanden, schließt man das Drahtgitter und füllt den Innenraum des Gitters wieder mit Erde auf. Nun wartet man, bis sich etwas kräftigere Wurzeln gebildet haben. Dann kann man den Stamm unterhalb der neuen Wurzeln abschneiden und den gewonnenen Bonsai in ein Gefäß pflanzen.

Die Technik bei Nadelgehölzen

Bei Nadelgehölzen ist die Technik etwas anders. Man schneidet keine Rille um den Stamm, sondern legt eine Drahtschlinge und dreht sie stramm an, so daß sie in die Rinde etwas einschneidet. Mit einem kleinen Hammer klopft man vorsichtig den Draht ringsherum an, damit sich schwache Verletzungen in der Rinde bilden. So kann das Wurzelwachstum gefördert werden. Mit einem Bewurzelungshormon (Wurzelfix) betupft man oberhalb des Drahtes den Stamm oder Ast. Eine Handvoll feuchtes Sphagnummoos legt man um die Abmoosstelle und fixiert es etwas mit Bast. Nun legt man ebenfalls ein Drahtgitter um den Stamm und füllt mit Bonsaierde auf. Nach ein bis zwei Jahren haben sich neue Wurzeln gebildet. Wenn sie so kräftig sind, daß sie den Baum ernähren können, kann der Bonsai zwischen alten und neuen Wurzeln abgeschnitten und in ein Gefäß gepflanzt werden.

Die Jahreszeit zum Abmoosen ist bei Laubbäumen Mitte bis Ende April. Nadelbäume können noch etwas später abgemoost werden. Die Temperatur soll 18–22°C betragen. Die Pflege ist dann die gleiche wie bei einem frisch gepflanzten Bonsai, nämlich etwas schattieren und die Pflanze alle 14 Tage drehen, denn Wurzeln wachsen an der schattigen Stelle schneller. Äste und Triebe werden in der Abmoosphase nicht geschnitten, denn starkes Astwachstum bewirkt starke Wurzelbildung. Pflanzen, die abgemoost werden, müssen gesund und kräftig im Wuchs sein. Jungpflanzen lassen sich schneller abmoosen als alte Pflanzen. Laubgehölze sind manchmal schon nach 3 bis 4 Monaten bewurzelt. Nadelgehölze bewurzeln sehr langsam. Bei Kiefern kann es sogar 4 bis 5 Jahre dauern. Am Anfang ist es sinnvoll, mit jungem wertlosen Pflanzenmaterial anzufangen, um die Reaktion der Pflanzen zu testen.

Künstliches Altern von Bonsais

Um einem relativ jungen Bonsai ein älteres Aussehen zu geben, bedient man sich verschiedener Techniken und Tricks. Zum einen gehört das Abschälen der Rinde an Ästen und Stamm mit einem Messer bzw. einer Zange dazu. Schwieriger wird es, wenn der Stamm beschnitzt oder gespalten werden muß. Um sich mit diesen Techniken zu beschäftigen, ist etwas theoretisches Wissen und viel Übung erforderlich. Dazu sollte man wissen, daß ein Ast oder Stamm, der am Leben bleiben muß, nicht total abgeschält werden darf. Es muß noch ein dünner Rindenstreifen zur Stamm- oder Astspitze hinführen, der die Nadeln mit Nahrung versorgt. Anders ist es bei Ästen oder Stammteilen, die nicht am Leben bleiben müssen. Diese können ganz abgeschält und mit einem Schnitzmesser ausgearbeitet werden. Das Abschälen der Rinde ist nicht schwierig, aber das Herausschnitzen von Holz verlangt Übung. Deshalb sollte man an einem Stück Holz zunächst Schnitzversuche machen.

Im Gebirge gibt es genügend Anschauungsmaterial von alten, zerrissenen, vom Sturm gezeichneten Bäumen. Solche Typen kann man auch als Bonsai nachgestalten

Ein alter Nadelbonsai mit kräftigem Stamm eignet sich besonders gut für künstliches Altern. Der Stamm wird aufgespalten. Einzelne Äste werden blank geschält und gebleicht

Fichten mit abgestorbener Stammspitze bilden ein klassisches Studienmaterial

Sharimiki. Alterungstechnik, bei der Astpartien abgeschält werden

Das ideale Bonsaimaterial für künstliches Altern sind Nadelgehölze wie Wacholder, Eiben, Fichten und Kiefern, die nicht von Fäulnis angegriffen werden. Aber auch bei Laubgehölzen gibt es die Möglichkeit des künstlichen Alterns. Um diese Spezialtechniken sicher zu beherrschen, ist es unbedingt nötig, die Natur zu beobachten. Bäume in »Kampfzonen«, in besonders exponierten Lagen, sind die besten Lehrmeister. Bäumen, die durch Blitzschlag, Windbruch oder Dürre gezeichnet sind, sollte man besonderes Augenmerk schenken.

Bevor man sich an die Arbeit macht, legt man sich das passende Werkzeug und Hilfsmittel zurecht. Dies ist ein Satz Schnitzmesser, eine Zange, um die Rinde abzuziehen (Jinzange), eine Konkavzange, Sandpapier, Jinmittel gefärbt, zur Imprägnierung von blankem Holz.

Es gibt auch vielerlei Elektrowerkzeug, das die Arbeit erleichtert. Es ist aber schwieriger in der Handhabung, da man sehr viel schneller arbeiten muß und dadurch leicht das Feingefühl verlieren kann. Vor allem für den Anfang und zum Üben sollte man normales Handwerkszeug einsetzen, um exaktes Arbeiten zu lernen. Wer auch bei anderen Gelegenheiten handwerklich arbeitet und Geräte einsetzt, wird schnell herausfinden, welche Fräsmaschine oder welches Elektroschnitzgerät möglicherweise geeignet ist.

Sharimiki

Sharimiki ist eine Alterungstechnik, bei der große Astpartien am Bonsai abgeschält und anschließend mit Messer und Schnitzgerät ausgearbeitet werden. Diese Arbeit verlangt sehr viel Erfahrung und Arbeitszeit. Anfänger sollten dafür keine teure Pflanze opfern, denn es dauert einige Zeit, bis man das richtige Formgefühl erworben hat.

Sabamiki

Sabamiki nennt man Bonsais mit gespaltenem Stamm. Sie wirken wie Bäume, die durch Blitzschlag aufgerissen sind. Sie sind

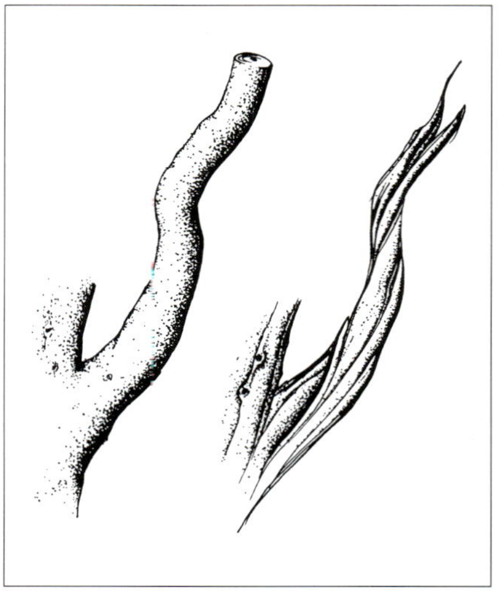

oft keine kompletten Bäume mehr, aber sehr ausdrucksstark in der Wirkung. Beim Bonsai läßt sich dieser Effekt erreichen, indem man mit Zangen und Keilen den Stamm spaltet. So wird er noch wuchtiger und kräftiger.

Findlinge aus der Natur, die die gewünschte Stammstärke haben, haben oft eine beträchtliche Höhe von 2 m und mehr. Um ein handliches Bonsaiformat daraus zu machen, wird man sie erst einmal auf 70–80 cm einkürzen. Daher kann man ein Stück der künftigen Baumspitze so gestalten, als habe der Blitz sie abgeschlagen. Im weiteren Verlauf muß der Stamm konisch gearbeitet werden, um ein natürliches Aussehen zu bekommen. An solchen Stellen kann Sharimiki angewandt werden.

Bergkiefer mit teilweise abgeschälter Rinde etwa 30 cm hoch

Felsenpflanzungen, Bonsailandschaften, Bonsaiwäldchen

Felsenpflanzung Fotos Seite 36 und 37

Das Bepflanzen von Felsen und Steinen ist eine recht faszinierende Betätigung, verlangt allerdings etwas handwerkliches Geschick. Der Umgang mit Trennschneider, Bohrmaschine, Hammer und Meißel ist hierzu unbedingt erforderlich. Es gibt verschiedene Möglichkeiten, mit Felsen zu arbeiten:

- Das Pflanzen in den Felsen. Die Pflanze wird mit ihren Wurzeln in einer oder mehreren Vertiefungen in den Felsen eingepflanzt und darin verankert.
- Das Pflanzen auf einem Felsen. Die Wurzeln des Bonsai werden um den Felsen herumgezogen.
- Der Bonsai wird neben dem Felsen gepflanzt und zu einer Landschaft (Saikai) gestaltet. Diese Form von Gestaltung ist sehr beliebt. Hier werden verschiedene Elemente miteinander harmonisch vereint (Felsen verschiedener Größen, Moos, verschiedene Pflanzen, Sand oder Splitt), wodurch regelrechte Miniaturlandschaften entstehen.

Werkzeuge und Material

- Schlagbohrer zum Aushöhlen von Pflanzmulden und zum Bohren der Löcher für Drahtschlingen
- schmaler, langer Meißel und Hammer zum Zurechtschlagen des Steines
- helle Kreide zum Anzeichnen der Bohrlöcher
- Bonsaidraht, 2 mm stark, für Drahtanker
- Bleiblech, in Stücke geschnitten, zum Verkeilen von Bonsaidraht im Bohrloch
- Felsgestein, ein Stück etwa 30 cm hoch – für eine Landschaft – oder mehrere, die sich harmonisch aneinandersetzen lassen
- 3 bis 5 Pflanzen, etwas Moos
- Bonsaierde, etwas Kies und Sand
- knetbarer Ton für den Untergrund von Moos
- Bonsaitablett ohne Abzugslöcher, oval, rechteckig oder rund.

Man kann zum Beispiel einen schönen Felsen, eine oder mehrere Kiefern und als Unterpflanzung eine Azalee oder Felsenmispel auswählen. Als Bedeckung der Erde eignet sich ein feines, festes Moos.

Allerdings sollte man vorsichtig sein und nicht zu viele verschiedene Elemente verwenden, denn dadurch wirkt die Zusammenstellung leicht überladen und geschmacklos. Die Kunst der Bonsailandschaft liegt im Weglassen von zu vielen Elementen.

Felsen und Steine sind in einem Gartencenter oder Baumarkt zu bekommen. Beim Einkauf ist darauf zu achten, daß das Material natürlich geformt und nicht geschnitten oder glatt gebrochen ist. Geradlinige Bruchstellen passen nicht zur natürlichen Gestaltung. Das Felsenmaterial muß etwas spröde sein, damit es sich gut bearbeiten läßt. Besonders geeignet ist Lavafels. Lava läßt sich sägen, bohren und gut behauen. Darüber hinaus speichert Lavagestein das Wasser lange und gibt es langsam an die Pflanze ab.

Das Pflanzen in einen Felsen

Der Felsen für eine Gestaltung sollte verschiedene Pflanzbuchten haben. Diese kann man mit einem Schlagbohrer und Meißel vertiefen. Wichtig ist, daß die Pflanzlöcher nach unten hin ein Abzugsloch haben, damit das Gießwasser nicht stehenbleibt. Oft können Pflanzen nicht ohne Halterung in den Felsen gepflanzt werden. In diesem Fall werden mit einem Schlagbohrer um die Pflanzmulde herum ein paar Löcher gebohrt. Man schiebt einen Draht mit dem freien Ende ins Bohrloch und verkeilt ihn mit einem Stückchen Bleiband. Auf diese Weise können mehrere Drahtschlingen gesetzt und die Pflanzen so befestigt werden. Gewicht und Größe des Steines muß so bemessen sein, daß man mit schweren Werkzeugen arbeiten kann (etwa ab 4 kg).

Die Pflege von Felsenbonsai ist nicht ganz einfach. Beim Gießen läuft das Wasser schnell über den Felsen ab und Pflanzerde und Wurzeln bekommen zu wenig. Deshalb werden Felsenbonsais in ein Tablett ohne Abzugslöcher gestellt. Hier kann von unten gegossen werden, indem man etwas Wasser ins Tablett schüttet. Es wird dann von der Pflanze und dem Felsen aufgesaugt. Aber die Pflanze darf nicht ständig in der Nässe stehen. Der Felsen soll außen trocken sein; hebt man ihn an, muß er aber an der Unterseite etwas Nässe aufweisen.

Richtige Dünger für Felsenpflanzungen sind Flüssigdünger oder Düngekugeln. Dünger in Pulverform ist wirkungslos, da er beim Gießen schnell weggespült wird. Düngekugeln setzt man auf den höchsten Punkt auf und befestigt sie mit einem sogenannten Düngekörbchen.

Das Umpflanzen von Felsenbonsai ist alle 2 bis 4 Jahre nötig. Dabei gibt es Schwierigkeiten, wenn die Pflanzlöcher im Felsen zu rauh und verzahnt sind. Um die Baumwurzeln nicht zu stark zu beschädigen, hilft nur, die Pflanze mit einem Bambusstäbchen an verschiedenen Seiten zu lockern und aus dem Felsen zu stemmen. Anschließend werden die Wurzeln leicht beschnitten und abgestorbene Wurzeln aus dem Pflanzloch entfernt. Bei Bedarf meißelt man das Pflanzloch etwas größer. Man gibt frische Erde hinein und pflanzt den Bonsai wieder ein. Die Bepflanzung von Felsen besteht auch oft aus mehreren Pflazen. Es muß eine harmonische Komposition entstehen, die nicht unnatürlich wirken soll.

Fichten am Dobratsch in Kärnten

Pflanzen auf einem Felsen

Bis ein Bonsai einen Felsen mit seinen Wurzeln von allen Seiten umschließt, vergehen einige Jahre.

Man benötigt für diese Gestaltung eine Jungpflanze mit schönen, möglichst langen Wurzeln und vor allem mit einem guten Wurzelansatz und einen passenden Stein.

Zunächst baut man einen hohen, engen Behälter aus Holz, der sich schichtweise abtragen läßt. Es kann auch ein weites, dünnwandiges Kunststoffrohr sein, das sich nach und nach abschneiden läßt.

Die Wurzeln des Bonsai werden gesäubert und um den Stein gebunden. Dann wird der Baum mit dem Stein bis zum Wurzelansatz in den Behälter versenkt, der möglichst eng sein sollte, und mit Erde

In den Felsen gepflanzte Bonsais

Auf den Felsen gepflanzter Bonsai. Die Wurzeln umklammern den Felsen

aufgefüllt. Von Jahr zu Jahr entfernt man schichtweise die Verschalung und bürstet die freigelegten Wurzeln und die Felspartie ab.

Die Wurzeln wachsen in dieser Zeit immer tiefer, verzweigen sich und umgreifen den Stein. Nach ein paar Jahren kann das Hilfsgerüst völlig entfernt werden, der Stein wird auf eine flache Schale gesetzt und eine Landschaft darum gestaltet.

Bonsailandschaften, Saikai

Wer gerne und viel in Wäldern und Wiesen herumstreift, wird sich schnell mit Bonsailandschaften anfreunden und sich auf die Suche machen, das richtige Material zu finden. Es ist nicht immer einfach, verschiedene Elemente harmonisch auf einem kleinen Tablett zu plazieren. Aber mit etwas Übung und einigen Gestaltungsversuchen kann man sich auch hier schnell verbessern.

Ein paar wichtige Grundregeln muß man sich einprägen:

- Bonsailandschaften dürfen nicht überladen werden. Könner verstehen es, mit wenigen Elementen ein wirkungsvolles, ausdrucksstarkes Bild darzustellen.
- Die Steine, Bäume und Unterpflanzungen müssen gut zueinanderpassen.
- Überflüssiges Beiwerk wie Figuren und Gebäude läßt man besser weg, damit eine natürliche Landschaft entsteht.

Für die Gestaltung von Saikai-Landschaften wählt man in der Regel kleine Landschaftsausschnitte, beispielsweise eine sanfte Wiese mit Bäumen und Büschen oder eine Küstenlandschaft mit windgepeitschten Bäumen und abfallenden Felswänden. Saikai können auch recht sparsam gestaltet werden. Man nimmt zum Beispiel einen Stein, der einem Berg ähnlich ist, etwas Moos und dazu eine dezente Pflanze.

Für den Anfang ist es vernünftig, mit wenigen Elementen zu arbeiten, um das Gefühl der Raumaufteilung zu bekommen. Eine gute Saikai-Gestaltung muß lange geplant werden, und man benötigt oft viel Zeit, um das passende Material zusammenzutragen.

Auf Steinhalden findet man die geeigneten Steine, im Baumarkt bekommt man Sand und Granulat. Verschiedene Moos- und Kleinfarnarten findet man in Staudengärtnereien oder im Gartencenter. Die Bäume kauft man am besten im Bonsai-Fachgeschäft. Gut sortierte Bonsai-Fachgeschäfte haben eine Auswahl von preiswerten Jungbonsais zur Verfügung.

Als Schale dient eine dünne Steinplatte, denn echte Saikai-Schalen sind recht teuer,

So wird es gemacht: Die Wurzeln des Bonsai werden um einen Stein gebunden. Der Baum wird mit dem Stein in einen Behälter gesenkt. Nach einigen Jahren wird das Gerüst entfernt und der Bonsai in eine Schale gesetzt. Ein paar Jahre später wird die Arbeit etwa so aussehen wie auf der Zeichnung rechts

Felsenpflanzung mit Kriechwacholder

Anordnung und Pflanztechnik Seite 38 und 39

da hier nur große Formate von 50–70 cm verwendet werden können.

Die Pflege von Bonsai-Landschaften ist etwas aufwendiger, da eine größere Erdfläche gepflegt werden muß. Ständig muß im Sommer Unkraut gezupft werden. Ab und zu muß neue Deckerde aufgetragen und Moosflächen müssen ausgetauscht werden Die Pflanzen müssen etwa alle drei Jahre herausgenommen und neu eingepflanzt werden. Bonsai-Landschaften erhalten die gleiche Düngung wie Einzelbonsais. Bei Landschaften mit Felsenpflanzung sind, wie oben bereits gesagt, Düngekugeln empfehlenswert, die mit einem Düngekörbchen befestigt und so beim Gießen nicht weggespült werden. Auch hier ist Dünger in Pulverform nicht ideal, da er die Moosflächen leicht verbrennt.

Wäldchen und Gruppen

Es ist recht interessant, Wäldchen in Miniatur auf ein Tablett zu pflanzen und zu gestalten. 30 bis 40 Bäumchen in der Schale sind keine Seltenheit. Als Gestaltungsmaterial verwendet man Gehölze, die fein und filigran im Aufbau sind, und sucht recht dünne und magere Pflanzen aus, die nicht als Einzelbonsai geeignet wären. Zusammen auf einer Platte oder einem Tablett fallen auch fehlende Äste nicht mehr auf. Um einen harmonischen Wald oder eine Gruppenpflanzung herzustellen, braucht man verschieden große Pflanzen einer Art. Große Bäume kommen in den Vordergrund, kleine in den Hintergrund bzw. seitlich des Waldes, damit eine realistische Tiefenwirkung entsteht.

Eine junge Salweide mit Felsen und Moos in der Landschaft. Die Schale aus Edelholz wird nur zur Präsentation untergelegt

Landschaften werden auf einer flachen Schale oder auf einem Tablett gestaltet

Das Grundmaterial für ein Wäldchen: Verschieden große, bereits ein paar Jahre vorgestaltete Bäumchen, darunter ein dominantes Exemplar

Eine Waldpflanzung muß klar und übersichtlich gestaltet werden. Zu viele verschiedene Elemente stören das Gesamtbild. Die Pflanzenmenge sollte immer eine ungerade Zahl ergeben. Bei Bonsaiwäldchen aus vielen Bäumen spielt die Zahl jedoch keine Rolle mehr, denn bei größeren Mengen wird keiner die Pflanzen nachzählen.

Eine Anzahl Pflanzen, in verschiedenen Größen schon ein paar Jahre vorgestaltet, bildet das Grundmaterial für Bonsaiwäldchen. Die Wurzeln müssen kompakt und flach sein. Ein dominanter Baum sollte dabei sein, der etwas in den Vordergrund gerückt wird. Als Schale eignet sich ein flaches, ovales, rundes oder rechteckiges Tablett. Als Erde kann man handelsübliche Bonsaierde verwenden.

Sehr wichtig ist es nun, die Bäumchen in eine optisch schöne Stellung zueinander zu bringen und auch auf der Schale in die beste Position, keinesfalls genau in der Mitte.

Um eine gute Tiefenwirkung zu erreichen, werden die einzelnen Pflanzen in Tiefe und Breite versetzt eingepflanzt. Große Pflanzen kommen nach vorne, kleine nach hinten. Die Pflanzen werden ungleichmäßig angeordnet, damit keine Monotonie entsteht. In der Fläche muß ein größerer Abstand gehalten werden, der einen Weg oder eine Lichtung andeutet.

Wenn die Anordnung nach einigen Stellproben befriedigt, kann gepflanzt werden. Die Abzugslöcher der Schale werden zunächst mit Bonsainetzen abgedeckt und diese mit Draht befestigt. Dann wird eine dünne Erdschicht aufgebracht, und darin werden die Bäume angeordnet. Damit sie genügend Halt haben, bis sie ausreichend miteinander verwurzelt sind, müssen die einzelnen Bäume mit Bonsaidraht in der Schale befestigt werden (siehe Zeichnung Seite 57).

Wenn alle Stämmchen befestigt sind, prüft man den Stand. Nun kann man noch Korrekturen vornehmen, wenn nötig, beispielsweise an der Neigung der Stämme. Zuletzt wird bis zu den Wurzelansätzen mit Erde aufgefüllt und die Erde festgedrückt. Sehr wichtig ist dabei, den Boden etwas zu modellieren, daß keine ebene Fläche entsteht.

Der Standort wird etwas schattiert, da die flachen Schalen mit der wenigen Erde sehr schnell austrocknen. Die weitere Pflege ist die gleiche wie bei Solitärbonsais.

Rechte Seite: Die räumliche Aufteilung von 3, 5 und 7 Bäumen. Mehrere Bäume sollten jeweils in Gruppen angeordnet werden. Große Pflanzen kommen nach vorne, kleine nach hinten und an die Seite. Unterschiedliche Abstände und versetzte Anordnung verhindern Monotonie

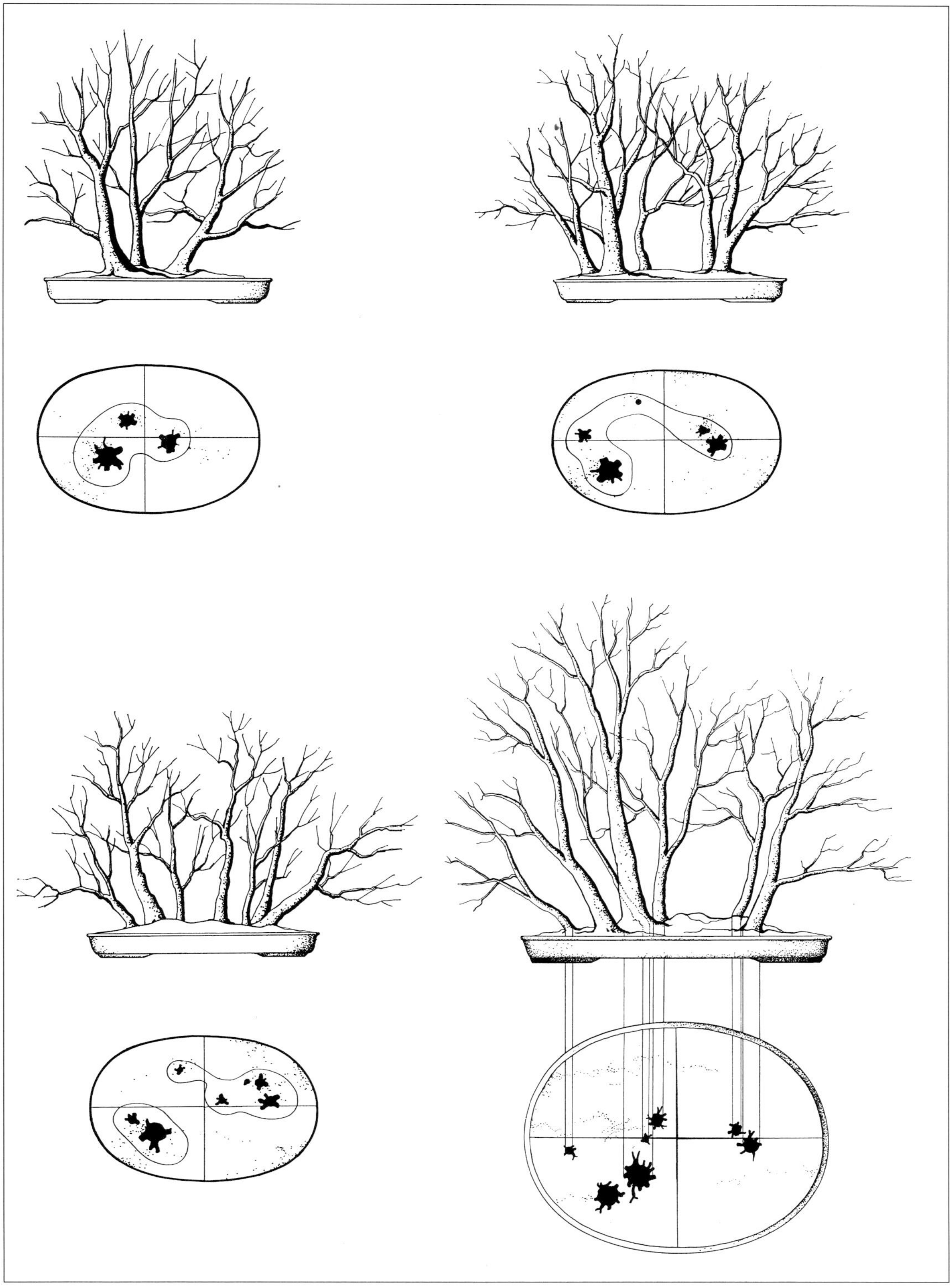

Auch beim Umtopfen geht man wie bei Einzelbonsais vor, denn die Wurzelballen sind nach ein paar Jahren zusammengewachsen. Man nimmt den Wald aus dem Gefäß, entfernt mit einem Hölzchen die alte Erde und schneidet die gesamte Wurzel um ein paar cm zurück. Tote Wurzelteile nimmt man ganz heraus. Anschließend legt man eine Drainageschicht in die Schale, schüttet etwas Bonsaierde darüber und setzt das Wäldchen wieder ein.

Der Charakter der Einzelbäume kann streng und elegant sein, oder bizarr und gewunden. Dies kommt auf den Geschmack des Gestalters an und das Material, das zur Verfügung steht. Wichtig ist, daß nicht verschiedene Charaktere von Pflanzen in eine Schale gepflanzt werden.

Berberitze im Herbst

Bonsai-Aufzucht

Selbst Bonsais aufzuziehen macht viel Freude und fordert die Kreativität. Am Anfang wird nicht alles so gelingen, wie man sich das vorstellt. Es wird auch Verluste an Pflanzen geben. Es ist deshalb ratsam, mit preiswerten Pflanzen aus einer Baumschule oder mit Sämlingen aus dem Wald zu beginnen.

Es gibt viele Bonsaisammler, die in der Aufzucht von Bonsais den eigentlichen Sinn sehen. Sie freuen sich am allmählichen Ausformen der Gestalt, am Jahresrhythmus der Pflanze, dem Austrieb der Blätter, der Blüte oder der Herbstfärbung.

Nur zweitrangig ist es dabei, etwas Wertvolles und Exklusives zu besitzen. Wenn einmal ein selbst gestalteter Bonsai eingeht, ist dies zwar bedauerlich, aber der Schaden ist nicht so groß, wie bei einem um teueres Geld erworbenen alten Stück.

Bonsais aus Baumschulpflanzen

Aus Baumschulpflanzen lassen sich relativ schnell gute Bonsais gestalten. Die meisten Baumschulpflanzen werden jahrelang im Container gezogen. Dadurch entsteht ein dichter Wurzelballen, der für die Gestaltung von Bonsais geradezu ideal ist.

Man nimmt die Pflanze aus dem Container, entfernt die Erde und führt einen ersten Wurzelschnitt durch, damit der Ballen flacher wird. Dann wird wieder in einen Container gepflanzt, jedoch mit Bonsaierde. Sehr bald lassen sich solche Pflanzen in ein flaches Gefäß pflanzen. Allerdings muß bei starkem Wurzelschnitt die Pflanzzeit eingehalten werden, das heißt, man pflanzt im Spätwinter, bevor die Pflanze treibt.

Baumschulpflanzen sind ein gutes Gestaltungsmaterial für Bonsais. Relativ schnell lassen sich aus solchen Pflanzen Bonsais gestalten

Das Sortiment von Baumschulpflanzen ist recht groß und verwirrend. Es ist deshalb gut, sich in der Baumschule gründlich nach möglichen Bonsais umzuschauen. Es lohnt sich, regelmäßig Gärtnereien und Baumschulen zu besuchen und in den hintersten Winkel zu schauen, wo möglicherweise alte, vergreiste Zwerggehölze zu finden sind. Für den Anfänger empfiehlt sich jedoch, kleinere Pflanzen, die einfacher und übersichtlicher zu gestalten sind, auszusuchen.

Darauf kommt es bei Baumschulware an

Bei der Auswahl muß man sehr kritisch vorgehen. Pflanzen müssen bis in die Erde beastet sein, damit genügend abgeschnitten werden kann.

Man muß um den Stamm herum etwas Erde mit der Hand abgraben, um den Stammansatz abtasten zu können. Veredelte Pflanzen müssen so veredelt sein, daß beim fertigen Bonsai die Veredlung nicht zu sehen ist. Vorsicht ist bei Pflanzen geboten, die sehr dicht gewachsen und innen total verkahlt sind. Solche Pflanzen brauchen sehr lange, bis sie von innen neu austreiben. Dies trifft hauptsächlich für große Nest- und Zuckerhutfichten zu. Kugelförmige Rhododendren sind besser geeignet, da sie relativ schnell aus dem alten Holz austreiben. Mit Sicherheit zu empfehlen sind alle kleinwüchsigen Kiefern, unveredelter Fächerahorn, Feldahorn, Feuerdorn, alle Arten von Berberitzen, einheimische Ulmen, unveredelte Weißbuchen, Nestfichten, Heidewacholder, Weißdorn und viele andere.

Sammlern, die die nötige Erfahrung haben und schwierige, aufwendige Pflanzen lieben, kann man nur empfehlen, sich in Baumschulen auf die Suche zu machen.

Vor Jahren, als Bonsai bei uns bekannt wurde, haben sich auch die ersten Baumschulen damit befaßt, neben dem regulären Sortiment Bonsairohware heranzuziehen. Sie führen inzwischen ein gutes Sortiment an geeigneten Pflanzen, die recht preiswert sind und schon nach ein paar Jahren Gestaltungsarbeit sehr gute und wertvolle Bonsais sein können. Gehölze aus der Baumschule sind deshalb der beste Weg, Bonsaigestaltung zu erlernen.

Bonsais aus Samen

Bonsais aus Samen zu gestalten, ist die langwierigste Art der Bonsaigestaltung. Um eine annähernd bonsaiähnliche Pflanze aus Samen zu erhalten, vergehen 12 bis 15 Jahre. So alt sind schon viele Gehölze, die im Gartencenter zu kaufen sind. Warum also dieser langwierige Weg?

Es gibt Gehölze, die ihre optimale Form nur erreichen, wenn sie vom ersten Tag an gestaltet werden, zum Beispiel Ulmen, die für strenge, aufrechte Formen vorgesehen sind. Diese müssen im Wurzelbereich ausgeschnitten werden. Die jungen Stämmchen müssen schon im ersten Jahr durch Schnitt reguliert werden. Nach etwa 20 Jahren ist deutlich zu sehen, daß diese Pflanzen schon ganz früh gestaltet wurden. Dies ist vor allem am Wurzelansatz erkennbar. Alle Oberflächenwurzeln laufen sternförmig vom Stamm weg und die Stämme sind sehr gut geformt.

Bei den Astansätzen fällt die gute harmonische Verteilung auf. Die Proportion von Stammhöhe zu Kronenhöhe bildet ein ausgewogenes Raumverhältnis. All diese Vorzüge bietet die Aufzucht aus Gehölzsamen. Bei Nadelgehölzen lassen sich ein- bis zweijährige Sämlinge im Stammbereich ganz extrem biegen und formen. Bei allen rauhrindigen Nadelgehölzen darf der Draht in Drahtstärke einwachsen. Dadurch bekommt der verbogene und gewundene Stamm zusätzlich einen vernarbten Effekt, der bei sehr jungem Pflanzenmaterial schnell verwächst. Zweijährige Schwarzkiefern, zum Beispiel, können im Winter sehr eng gebogen werden, was man nur mit Sämlingen machen kann. Den Draht läßt man einwachsen und entfernt ihn erst ein bis drei Jahre später, ohne Gefahr, daß die Pflanze beschädigt wird. Anschließend kann wieder neu gedrahtet werden, mit demselben Vernarbungseffekt.

Hat die Pflanze eine Reife erreicht, daß sie in vier bis fünf Jahren als Bonsai ausstellungsfähig wird, darf der Draht am Stamm auf keinen Fall mehr einwachsen. Da ältere Pflanzen wenig Dickenwachstum entwickeln, kann ein eingewachse-

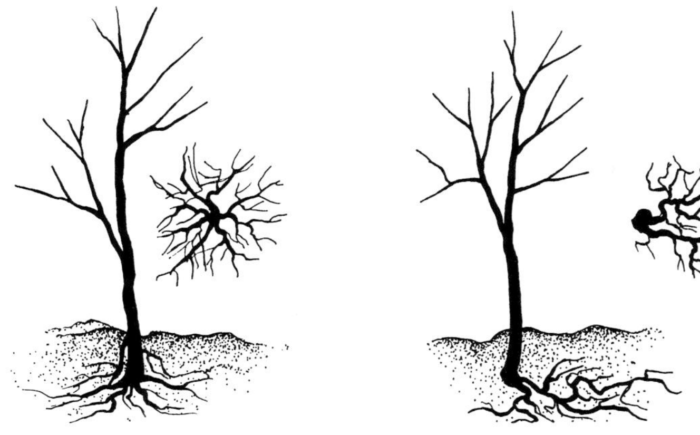

Links:
Jungpflanze aus Samen mit gleichmäßiger Wurzel

Rechts:
Pflanze aus einem Steckling mit einseitiger Wurzel

Links:
Ein zweijähriger Kiefernsämling

Rechts:
Gedrahteter und geformter Kiefernsämling

ner Draht dann sehr schlecht verwachsen und es würde Jahrzehnte dauern, bis die letzten Drahtspuren unsichtbar sind.

Gehölzsamen selbst zu sammeln ist eine erfreuliche Tätigkeit voller Überraschungen. Bei einem Spaziergang im Park kann man immer wieder neue Arten von Samen entdecken. Das soll aber nicht heißen, daß alle Samen für Bonsais geeignet sind. Großblättrige Gehölze, wie Platanen oder Kastanien sind weniger empfehlenswert. Aber trotzdem finden sich auch hierfür vereinzelt Liebhaber. Wenn man im Herbst Bonsaisamen sammelt, kann man ihn in eine Saat- oder Bonsaischale aussäen. Dazu muß man folgendes beachten:

Es gibt Samen, die erst einmal richtig durchfrieren müssen, damit sie keimen können. Das sind hartschalige Samen, wie Kirsche, Schlehe, Weißdorn, Haselnuß, Heidewacholder. Solche Sorten legt man in ein flaches Gefäß mit feuchtem Sand und bedeckt die Samen ebenfalls mit Sand. Das Gefäß wird mit einer Folie abgedeckt, damit das Saatgut nicht austrocknet. Dann bringt man das Gefäß ins Freie (geschützt vor Sonne) und läßt es den ganzen Winter

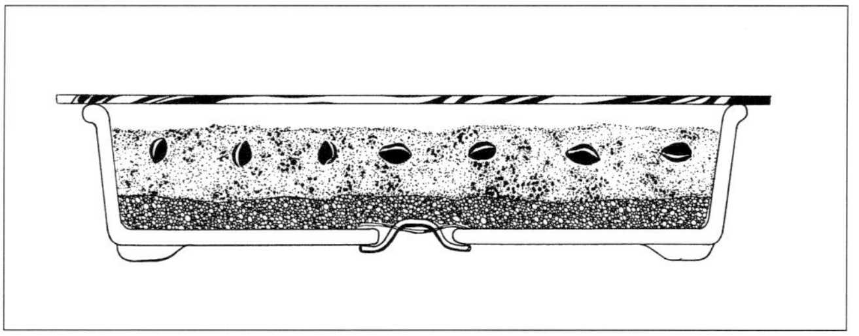

Das beste Bonsaimaterial bekommt man aus Samen, denn man kann Form und Gestalt vom ersten Tag an beeinflussen

dort, damit Frost die harten Samenschalen knackt. Im Frühjahr keimen dann die ersten Samen. Nicht alle Samen werden keimen. In diesem Fall wirft man diese Samen nicht weg, sondern versucht es im nächsten Jahr wieder. Auch im Tiefkühlfach des Kühlschranks kann man eine künstliche Frostperiode erzeugen.

Weichschalige Bonsaisamen können zum Teil schon im Herbst nach der Ernte eingesät werden. Bergkiefernsamen kann im August geerntet und sofort eingesät werden. Er keimt nach 3 bis 4 Wochen und muß mit der Saatschale geschützt eingegraben werden, damit die zarten Sämlinge im Winter nicht vertrocknen.

Ein Großteil unserer einheimischen Ahorne keimt auch noch im Erntejahr. Dazu muß man so vorgehen:

Saatgut in ein flaches Gefäß, mit feuchtem Sand gefüllt, aufstreuen. Danach mit Wasser übersprühen. Anschließend ein Blatt Zeitungspapier auf die Samen legen, damit sie feucht bleiben und etwas Licht durch die Zeitung kommt, denn der Ahorn ist ein Lichtkeimer. Im Laufe eines milden Winters keimen schon die ersten Sämlinge. Im Frühjahr darauf, wenn die Sämlinge bereits etwas verholzt sind, kann man sie vorsichtig in kleine Töpfe pflanzen und im Laufe des Sommers in Form schneiden.

Bonsais aus Stecklingen

Die Bonsaiaufzucht aus Stecklingen ist ebenfalls eine langwierige und Geduld erfordernde Angelegenheit. Sie gewährt allerdings ein Jahr Vorsprung gegenüber Sämlingen. Stecklinge sind abgeschnittene Zweige ohne Wurzel, die man von gesunden Mutterpflanzen schneidet und zum Bewurzeln in die Erde steckt. Die richtige Zeit für Stecklinge ist bei Nadelgehölzen Anfang September oder April. Laubgehölzstecklinge schneidet man am besten Anfang bis Ende Juni. Um eine schnellere Bewurzelung von Stecklingen zu erreichen, kann man die Stecklinge in ein Bewurzelungshormon tauchen (Wurzelfix oder ähnliches). Die Bewurzelung

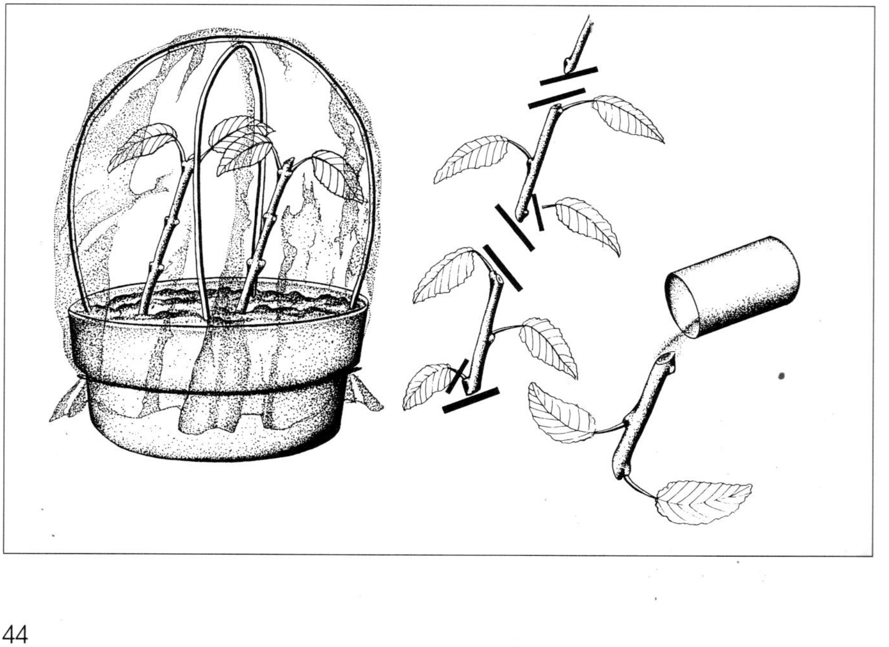

Eine Anzuchtschale mit überspannter Folie läßt Stecklinge schneller anwurzeln. Kurz unter und über den Blattachseln werden Stecklinge geschnitten, damit sie sich sicher bewurzeln. Die Steckseite des Stecklings wird mit einem Bewurzelungshormon behandelt

erfolgt bei Laubgehölzen in ein paar Wochen. Bei Nadelgehölzen kann es über ein Jahr dauern. Als Gefäß für Stecklinge verwendet man am besten ein Minigewächshaus aus Kunststoff. Den unteren Kasten füllt man zu drei Viertel mit einem Sand-Torf-Gemisch und steckt die Stecklinge in gleichmäßigen Abständen in die Erde. Danach gießt man vorsichtig mit feiner Brause an und setzt das Oberteil des Anzuchtkastens auf.

Als Standort wählt man einen schattigen Platz und kontrolliert täglich auf gleichmäßige Feuchtigkeit. Bei Bedarf muß nachgegossen werden. Wenn neue Blätter am Steckling erscheinen, möglicherweise nach ein paar Wochen, ist das ein Zeichen, daß sich schon Wurzeln gebildet haben. Nun kann man den Glasdeckel etwas lüften, damit sich die jungen Pflanzen abhärten und an ein normales Klima gewöhnen. Nach ein paar Monaten haben sich die Stecklinge gut bewurzelt und können in einzelne Schalen gepflanzt werden. Hierfür verwendet man eine lockere, lehmhaltige Pflanzerde. Eine Düngung ist in diesem Jahr nicht mehr nötig, denn die frische Erde verfügt über genügend Nährstoffe.

Für die Überwinterung muß man für besonderen Schutz sorgen, denn die zarten Wurzeln vertragen noch keinen dauerhaften Frost. Man muß die Pflänzchen gut eingraben und mehrfach mit Folie winddicht abdecken.

Nicht jedes Gehölz läßt sich aus Stecklingen vermehren. Zedern und Kiefern beispielsweise lassen sich nicht so vermehren. Man vermehrt sie ausschließlich aus Samen. Dagegen lassen sich Ulmen sehr schnell aus Stecklingen ziehen, sowie auch die meisten Heckengehölze wie Liguster, Weißbuche, Feldahorn, Berberitze und Zwergulme.

Bonsais aus der Natur, Jamadori

In der Natur gibt es hervorragende Findlinge, die sich im hohen Alter sehr gut für die Bonsaigestaltung eignen. Hauptsächlich im Hochgebirge, im Bereich der Baumgrenze, findet man Jahrhunderte alte Bäume, die nicht höher als 50 cm sind. Eine sehr kurze Vegetationszeit läßt die Pflanzen im Jahr nur einige Millimeter wachsen. Durch Wildverbiß, Eis und Schneesturm bleiben die Pflanzen zusätzlich klein und bekommen ihre bizarre Form.

Wer Pflanzen in der Natur ausgräbt, benötigt die Genehmigung des Grundbesitzers. Gemeindeämter und Förster helfen hier weiter. Um einige wenige Pflanzen auszugraben, wird man fast immer eine Genehmigung bekommen. Wenn man eine Pflanze ausgräbt, setzt man möglichst wieder einen Sämling im selben Pflanzloch ein.

Es gehört natürlich viel Erfahrung dazu, aus solchem Material brauchbare, harmonische Bonsais zu gestalten. Vor allem für Anfänger ist es nicht leicht, aus diesem verwirrt und abstrakt geformten Material etwas zu machen. Zu empfehlen sind Findlinge, die weniger alt sind und ein einfaches, kompaktes Wurzelsystem haben. 80 Jahre alte Findlinge mit einer Höhe von 50–60 cm haben nicht selten Wurzeln mit einer Länge von 5 m und mehr. Das kommt auf felsigem Boden vor, da Wurzeln in Felsrissen und Spalten der Nahrung nachwachsen. Um solche Pflanzen auszugraben, müssen die langen Wurzeln fachmännisch abgetrennt werden. Im ungünstigsten Fall über Jahre hinweg, damit sich neue Wurzeln im Stammbereich bilden und die Überlebensmöglichkeit sicher ist.

Die richtige Zeit zum Ausgraben ist das zeitige Frühjahr, wenn der Boden nicht mehr gefroren ist, die Pflanzen aber noch nicht ausgetrieben haben. Als Werkzeug benötigt man einen stabilen Klappspaten, einen Bergsteigerpickel, eine Astschere, eine Klappstichsäge, Hammer und Meißel.

Die Pflanzen, die man ausgräbt, steckt man in einen Plastiksack mit Moos, damit sie den Transport überleben. Daheim pflanzt man sie zunächst in einen großen Plastikcontainer. Als Erde nimmt man lokkeren Japanlehm (Akadama), nach Mög-

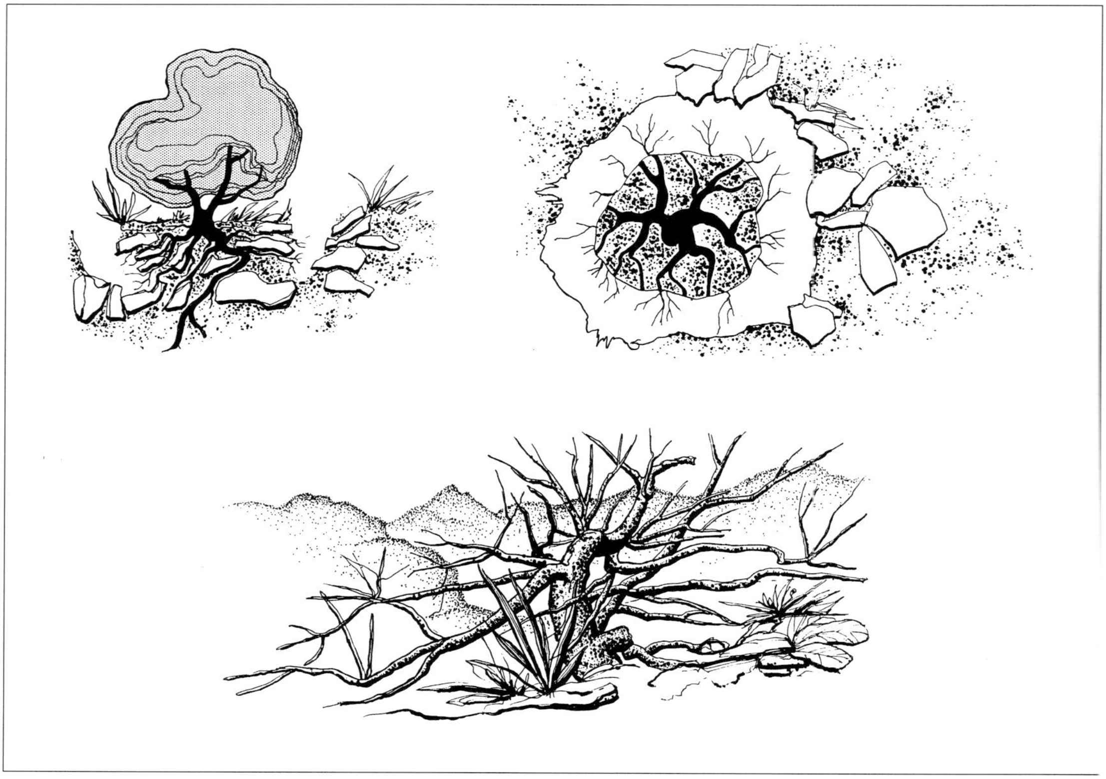

Oben: Um alte und ausdrucksstarke Bonsais zu gewinnen, gräbt man Bonsai-Rohware in der Natur aus. Allerdings liegen die Äste oft ungünstig

Unten: Die Stammform ist manchmal unschön, die Wurzeln sind einseitig. Aber mit etwas Können kann hier viel verbessert werden

lichkeit grob gekörnt, 6–12 mm Korngröße.

Der Standort muß etwas schattiert und vor rauhen Winden geschützt werden. Nach etwa drei Jahren kann in ein kleineres Gefäß umgepflanzt werden.

In der Regel dauert es 5 bis 10 Jahre, bis ein stattlicher Bonsai entsteht. Alte Jamadori brauchen schon mehrere Jahre, bis sie richtig anwachsen. Baumschulpflanzen dagegen wachsen meist noch im selben Jahr gut an. Wenn sich kräftige Blätter oder Nadeln bilden, ist das ein Zeichen, daß die Pflanze angewachsen ist. Erst dann darf sie auch gedüngt werden. Laubgehölze wachsen beim Umpflanzen wesentlich schneller an als Nadelgehölze. Wacholder aus der Natur wächst besonders langsam an. Deshalb ist es empfehlenswert, die Pflanzen nicht auf einmal auszugraben, sondern man trennt die Wurzeln Jahr für Jahr durch. Nach einigen Jahren kann die Pflanze dann sicher ausgegraben werden.

Für den Bonsai-Neuling sind Jamadori nicht zu empfehlen, solange er in den Techniken noch etwas unsicher ist und das Erkennen der Formen am rohen Material erst erlernt werden muß.

Jüngere Laubgehölze mit etwa fingerdickem Stamm und dichter Beästelung eignen sich aber gut für Anfänger, sind allerdings keine typischen Jamadori.

Für erfahrenere Sammler besteht auch die Möglichkeit, Pflanzen aus dem Garten zu entnehmen. Oft müssen in einem Garten Gehölze entfernt werden, weil sie zu dicht stehen oder der Garten umgestaltet wird. Diese Pflanzen bilden ein optimales Grundmaterial für den Sammler. Armdicke Stämme, kräftige Wurzelansätze und stark gewachsene Äste zeichnen dieses Rohmaterial oftmals aus. Auch sie brauchen einige Zeit, bis sie anwachsen, kommen zunächst in einen großen Plastikcontainer und können je nach Größe der Pflanze nach etwa drei Jahren in ein kleineres

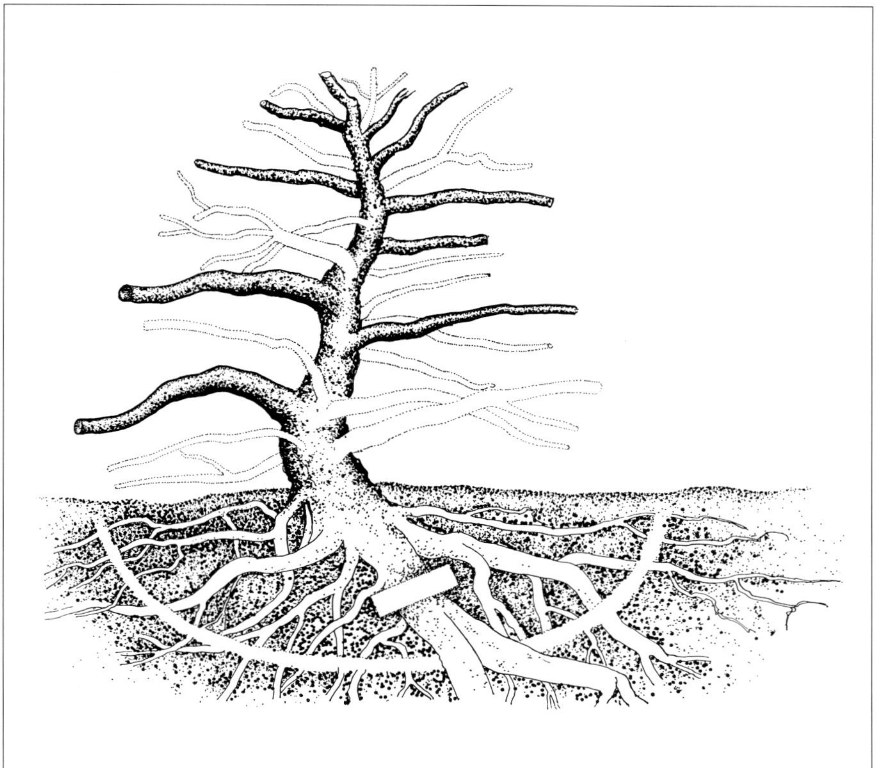

**Wenn man Bonsaifindlinge ausgräbt, wird der größte Teil der Äste herausgeschnitten, damit eine klare Astaufteilung entsteht.
Die in der Zeichnung punktiert angedeuteten Äste werden entfernt: Von gegenständigen Ästen wird einer entfernt. Äste, die sich kreuzen, nach innen wachsen oder zu dicht stehen, werden herausgeschnitten, ebenso zu dünne Äste**

Gefäß umgepflanzt werden. Schon im Container kann die Pflanze grob gestaltet werden, bevor sie nach etwa drei Jahren in die passende Bonsaischale getopft wird. Für solche Pflanzen dauert die Rohgestaltungsphase etwa 5 bis 6 Jahre. Dafür hat man später einen Bonsai mit einem Alter von etwa 50 Jahren, der sich wuchtig und ausdrucksstark präsentiert.

Erwerb eines Bonsai

Den ersten Bonsai erwerben die meisten Bonsaisammler in einem Fachgeschäft oder Blumenladen. Oft ist der Anfang für dieses leidenschaftliche Hobby auch ein Geschenk von Bekannten.

Nicht überall gibt es Bonsaifachgeschäfte, die eine sachliche Beratung bieten und darüber hinaus noch Pflege und Urlaubsbetreuung übernehmen. Immer besteht der Bedarf an Zubehör, wie Werkzeugen, Draht, Dünger, Erde, Schalen und Literatur.

Gibt es kein Fachgeschäft in der Nähe, bleibt der Erwerb über den Versandhandel. Renommierte Bonsaicenter mit Versand liefern zuverlässig gute Pflanzen, allerdings hat man nicht die Möglichkeit, die Pflanzen selbst auszuwählen. Bei Pflanzenmärkten mit Bonsaiabteilungen muß man etwas vorsichtig sein, denn große Pflanzenmärkte können oftmals keine Serviceleistungen bieten. Manchmal besteht auch die Möglichkeit, von einem Bonsaisammler eine schöne Pflanze zu erwerben, denn Sammler verfügen oft über viel Bonsaimaterial, das sie gelegentlich veräußern.

Wer sich entschlossen hat, einen Bonsai zu kaufen, muß sich darüber im klaren sein: ein guter Bonsai hat seinen Preis. Dem Anfänger sollte es genügen, sich kleinere Pflanzen zuzulegen, die nicht älter als 10 Jahre und unter 100 DM zu bekommen sind. Spitzenbonsais, sogenannte Solitäre, die älter als 30 Jahre sind, kosten Tausende von Mark. Man muß sich vorstellen, daß sich in jahrzehntelanger Arbeit auch die Kosten entsprechend erhöhen. Wer sich ein besonders teures Stück zulegt, sollte bedenken, daß es deswegen nicht auch besonders robust und pflegeleicht ist. Wer die mühsame Aufzucht umgehen möchte, sollte dennoch mit jungen, preiswerten Bonsais beginnen und Jahr für Jahr Erfahrung sammeln.

Beim Kauf eines Bonsai ist auf folgendes zu achten:

- Pflanzen müssen einen kräftigen, gesunden Wuchs haben.
- Sie dürfen keine braunen Blätter und trockenen Äste besitzen.
- Sie müssen frei von Schädlingen sein.
- Der Bonsai soll nicht frisch gepflanzt sein. Die Pflanze muß durchwurzelt sein.
- Wenn man die Pflanze aus dem Topf nimmt, müssen helle, gesunde Wurzeln zum Vorschein kommen. Schwarze, geschrumpfte Wurzeln sind abgestorben. Das ist ein Zeichen, daß die Pflanze nicht gesund ist oder schlecht gepflegt wurde.
- Bonsais, die für den Handel bestimmt sind, dürfen gedrahtet sein. Nur ist darauf zu schauen, daß kein Draht tief eingewachsen und schlecht zu entfernen ist.
- Bei Nadelgehölzen kann der Draht Narben hinterlassen. Diese verwachsen bei rauhrindigen Gehölzen schnell und stören nicht. Anders ist es bei Laubgehölzen mit glatter Rinde wie Ulmen, Ahorn oder Buchen. Selbst ein leicht eingewachsener Draht im Stammbereich kann jahrzehntelang sichtbar bleiben und wirkt dadurch immer störend. Man sollte also keinen Laubbonsai mit eingewachsenem Draht im Stammbereich kaufen.
- Die Bonsaiform spielt beim Kauf eines Bonsais natürlich eine ganz wesentliche Rolle. Für welche Gestaltungsform man sich entscheidet, hängt vom eigenen Geschmack und vom Angebot ab. Die Gestaltungsformen sind auf Seite 12–17 beschrieben. Aber wichtige Kriterien sind: Die Baumkrone soll je nach Alter mächtig und gleichmäßig dicht gewachsen sein. Die Äste müssen sich nach außen hin verjüngen und versetzt am Stamm sitzen. Der Stamm muß kurz sein. Im Verhältnis zur Kronenhöhe soll er ein Fünftel bis ein Drittel der Baumhöhe messen.
- Die Stammform muß sich von unten nach oben hin konisch verjüngen. Sichtbare Wurzeln sollten ringsum gewachsen sein (sogenannter Wagenradeffekt).

Beim Erwerb eines Bonsai muß man also sehr kritisch sein. Seriöse Fachgeschäfte können über die nötige Pflege und weitere Gestaltung der Pflanze Auskunft geben.

Dazu gehört die Möglichkeit, die Pflanze von Zeit zu Zeit vorbeizubringen und inspizieren zu lassen, damit keine Pflegefehler gemacht werden. Gute Fachgeschäfte bieten auch an, Pflegearbeiten wie Umtopfen und Schnitt durchzuführen, was aber verständlicherweise nicht billig ist.

Beim Kauf eines Bonsai sollte man immer einen Beleg über Herkunft, Alter, Pflanzenname und letzte Pflegeverrichtungen erbitten.

Bonsaipflege

Der Standort

Wichtig ist ein heller, je nach Art sonniger oder halbschattiger Platz. Bonsais brauchen nicht unbedingt einen exponierten Standort auf einem Sockel oder Tisch, sollten aber gut sichtbar aufgestellt werden, denn es sind schließlich Kunstwerke, und sie sind zum Anschauen gedacht.

Als Tische dienen Steinplatten, Massivholz- oder Betontische. Sie sollten nicht unter 40 cm hoch sein. Ideal wäre Augenhöhe von 1,00 bis 1,40 m. Auf dem Balkon müssen die Bäume mit einem Draht gegen Sturm gesichert und so aufgestellt werden, daß sie bei einem Unwetter nicht über die Brüstung fallen. Im Garten muß die Sammlung so plaziert werden, daß sie vor Dieben geschützt ist.

Eine erhöhte Aufstellung auf einem Tisch hat neben der guten Präsentation den großen Vorteil, daß das Licht auch an untere Astpartien gelangt und die Pflanzen vor herumstreunenden Haustieren und vor lästigen Parasiten wie Ameisen, Schnekken und sonstigen Schädlingen geschützt sind. Werden Bonsais auf den Boden gestellt, ist es gut, wenn der Untergrund befestigt ist und sich kein Gras und Unkraut bilden kann. Unkraut und Gras

Eine ruhige Gartennische, vor Eindringlingen geschützt, ist der ideale Standort für eine Bonsaisammlung. Ein kleiner Arbeitstisch zum Arbeiten an Ort und Stelle gehört dazu

Bonsais unter einem Folientunnel im Winterquartier

Aufstellung von Bonsais
Fotos Seite 54 und 55

wächst oft 1 m hoch. Dadurch wird dem Bonsai Licht entzogen und die unteren Äste verkümmern und sterben ab.

Mit Ausnahme von ausgesprochenen Zimmerbonsais, bei denen es sich durchweg um exotische, bei uns nicht winterharte Pflanzen handelt und die nicht Thema dieses Buches sind, dürfen Bonsais nur für ein paar Tage oder eine Woche in der Wohnung aufgestellt werden, und zwar nur im Zeitraum von April bis September. Im Winter brauchen Bonsais Ruhe, denn es sind ganz normale Bäume, die den Jahresrhythmus Sommer, Winter brauchen, um widerstandsfähig und robust zu werden. Bringt man Bonsais im Winter in einen beheizten Raum, so kommen sie aus ihrem normalen Rhythmus und erleiden Schaden, der im schlimmsten Fall die Pflanze zum Absterben bringt.

Japaner besitzen in ihrer Wohnung eine Ecke oder Nische, die dezent und sehr geschmackvoll gestaltet ist, die sogenannte Tokonoma. Hier werden besonders schöne Bonsai-Solitäre zur Schau gestellt.

Die Einrichtung einer Tokonoma besteht aus einem niedrigen Schränkchen, etwa 40–60 cm hoch. Die Wand im Hintergrund ist oft mit einer hellen Seidentapete versehen und einem Bild, das nicht zu auffällig ist. Rechts und links hat die Tokonoma eine räumliche Abgrenzung durch Holzprofile oder Bambusleisten.

Der Standort für den Bonsai ist der flache Schrank mit viel Platz, der außer dem Bonsai und einer kleinen Skulptur oder einem schönen Stein nichts enthalten sollte.

Meist gibt es auch in unseren Wohnungen die Möglichkeit, einen solchen Bereich einzurichten und schöne Bonsais zu plazieren. Stellt man Bonsais für ein paar Tage in der Wohnung auf, muß weniger gegossen werden, denn hier ist kein Wind, der der Pflanze Feuchtigkeit entzieht, und die Sonneneinstrahlung ist reduziert. So kann es sein, daß die Pflanze 3 bis 4 Tage nicht gegossen werden muß. Bonsais werden nicht in der Wohnung gegossen, sondern man nimmt sie aus dem Zimmer und

Viele Nadelgehölze können im Freien überwintert werden. Sie werden aber von den Tischen genommen und mit Fichtenzweigen oder Laub abgedeckt

übersprüht sie mit dem Wasserschlauch, läßt sie abtropfen und nimmt sie wieder herein. Kleinere und mittlere Bonsais kann man in ein Wasserbecken tauchen und läßt sie abtropfen, damit keine Lackschäden an Holzmöbeln entstehen.

Überwinterung

Bonsais aus unseren einheimischen Gehölzen brauchen den Rhythmus der Jahreszeiten, also auch den Winter, der sie zum Laubfall, zu einer Ruhezeit und kräftigem Neuaustrieb im Frühjahr bringt. Da Bonsais aber nicht wie frei wachsende Bäume tief in der Erde wurzeln, sondern die flachen Schalen von allen Seiten den Winterfrösten und, oft noch gefährlicher, der Wintersonne ausgesetzt sind, dürfen sie nicht an ihrem Sommerstandort bleiben, sondern brauchen einen gewissen Schutz. Ein kaltes Gewächshaus oder ein Frühbeet mit Abdeckung ist dafür geeignet, oder man baut einen Folientunnel mit weißer Kunststoff-Folie, die sich im Winter bei starker Sonneneinstrahlung nicht aufheizt und die Pflanzen nicht zum Wachsen anregt.

Bevor die Bonsais ins Winterquartier kommen, überprüft man sie auf Wurzelschäden. Abgestorbene Wurzeln werden vorsichtig entfernt, und die Pflanze wird in ein größeres Gefäß mit etwas frischer Erde gesetzt.

Alle Bonsais müssen vor der Überwinterung noch einmal kräftig mit Wasser überbraust oder in ein Wasserbecken getaucht werden, bis keine Blasen mehr aufsteigen. Dieser Wasservorrat reicht meist für den ganzen Winter, wenn das Winterbeet nicht beheizt und absolut winddicht verschlossen ist. Ein zusätzlicher Schutz gegen Schädlinge im Winter ist nicht nötig. Eine Gefahr besteht allerdings bei milden Wintern darin, daß Wühlmäuse sich im Winterbeet einnisten und die Bäume annagen. Wühlmäuse gehen gerne an Schwarzkiefern und Feldahorn. Es ist deshalb empfehlenswert, Überwinterungsplätze auf offe-

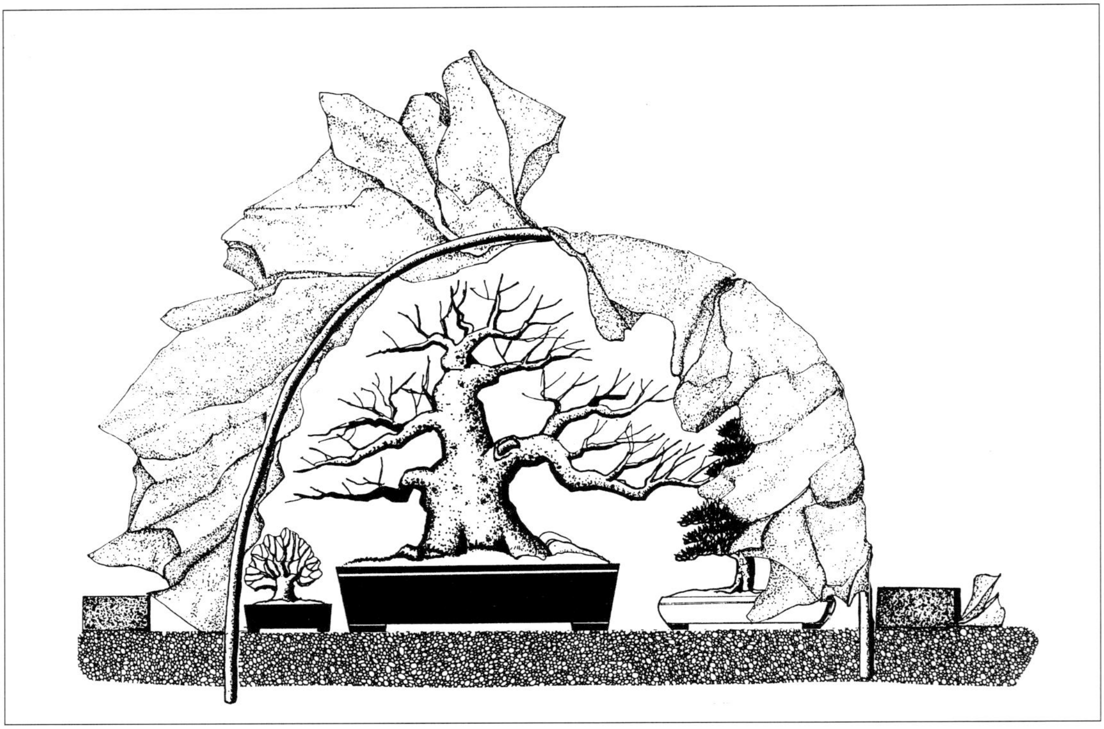

Für die Überwinterung genügt es, wenn man gebogene Baustahlstangen in den Boden bohrt und mit einer weißen Folie abdeckt. Ringsum muß die Folie mit Ziegelsteinen beschwert werden

nem Boden mit einem Drahtgitter auszulegen und von allen Seiten gut abzudichten.

Im Frühjahr, wenn die Pflanzen aus dem Winterquartier genommen werden, kommt es vor, daß Pflanzen nicht mehr austreiben. Der Grund ist meist, daß die Pflanze krank oder zu trocken ins Winterbeet kam, denn winterharte Pflanzen erfrieren bei sachgemäßer Überwinterung auch trotz extremer Kälte nicht.

Die ersten Arbeiten am Bonsai nach der Winterruhe fallen Anfang März an. Dann werden Laubgehölze geschnitten, Nadelgehölze wo nötig etwas zurückgeschnitten, Laubgehölze entdrahtet. Diese Verrichtungen können auch im Laufe des Winters gemacht werden. Dann dürfen die Pflanzen aber nur kurz in einen kalten Arbeitsraum gebracht werden und müssen schnell bearbeitet werden. Danach kommen sie sofort wieder ins Winterquartier zurück. Auf diese Weise ergibt sich eine bessere Arbeitsaufteilung, denn im Frühjahr gibt es in kurzer Zeit sehr viel zu tun. Die Arbeiten müssen nicht im Winter verrichtet werden, wenn man nur eine kleine Bonsaisammlung besitzt.

Gießen

Das richtige Wässern von Bonsais bedarf einiger Erfahrung. In unregelmäßigen Abständen Wasser auf die Pflanze zu schütten, nützt nichts. Man muß sich angewöhnen, zu gießen, wenn die Bonsais wirklich Wasser brauchen. Dabei muß jeder Baum individuell gegossen weden.

Die Wassermenge hängt von verschiedenen Faktoren ab:

- vom Standort der Pflanze,
- von der Jahreszeit,
- von der Wetterlage.

Bei feuchtnassem Wetter muß nicht gegossen werden. Niemals darf naß in naß gegossen werden. Die Pflanzerde soll bis zum nächsten Gießen an der Oberfläche angetrocknet sein. Regenperioden im Sommer vertragen Bonsais sehr gut.

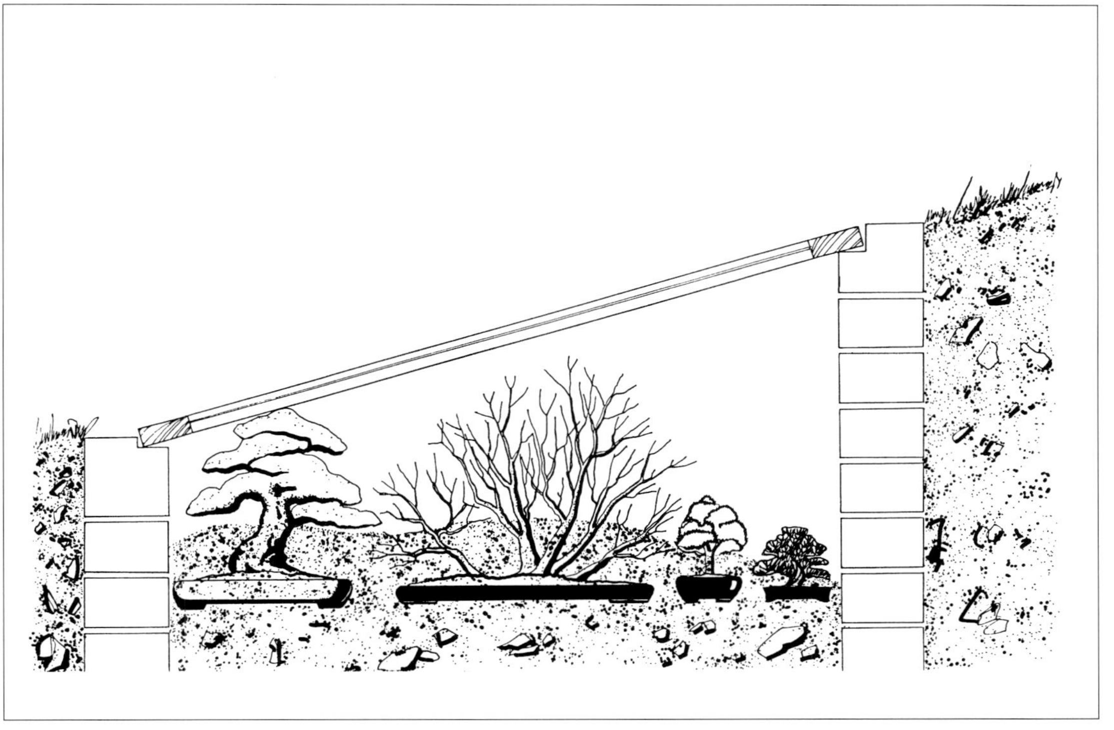

Probleme kann es bei anhaltendem Regen im Frühjahr und im Herbst geben. Das sind Jahreszeiten mit niedrigen Lufttemperaturen und wenig Pflanzenwachstum. Dann ist es empfehlenswert, nässeempfindliche Bäume wie Ahornarten mit einer Folie abzudecken.

In Jahreszeiten, in denen Pflanzen wenig Wasser brauchen, muß oft überhaupt nicht gegossen werden. Erst wenn die Pflanzen im Frühjahr richtig austreiben, wird regelmäßig gegossen. Die richtige Tageszeit zum Gießen ist im Sommer kurz nach Sonnenaufgang oder kurz nach Sonnenuntergang. Bei praller Sonne darf man niemals auf die Blätter gießen, da die Blätter sonst Brandflecken bekommen und häßlich aussehen. Auch die Qualität des Wassers spielt für Bonsais eine wichtige Rolle. Leitungswasser ist in der Regel ein schlechtes Gießwasser, reicht aber für viele einheimische Pflanzen aus, wenn es nicht eiskalt aus der Leitung verwendet wird. Es kann bei hohem Kalkgehalt aber für Moorbeetpflanzen tödlich sein.

Wer einen Gartenteich besitzt, verwendet Teichwasser, das neutral und ohne Kalk ist. Teichwasser enthält auch wichtige Nährstoffe und Spurenelemente, die für Bonsais sehr nützlich sind. Für Azaleen und Eriken kann Leitungswasser aufbereitet werden, indem man eine Tonne mit Leitungswasser füllt, einen Eimer mit Torf hineingibt und das ganze acht Tage ruhen läßt. Dann verfügt man über ein gutes Gießwasser für sämtliche Gehölze.

So wird richtig gegossen

Wenn man nur wenige Pflanzen besitzt, kann man die Pflanzen in eine flache Wanne mit Wasser stellen und warten, bis sich der Erdballen des Bonsai mit Wasser vollgesogen hat. Bei größeren Sammlungen muß mit Gartenschlauch oder Gießkanne gegossen werden. Beim Gießen selbst soll nicht über die ganze Pflanze gegossen werden, sondern nur über den Erdballen, unterhalb von Ästen und Blättern. Dafür gibt es Gießkannen mit langem Gießarm und feinem Brausekopf.

Ein im Erdreich vertieftes Winterbeet ist bei besonders empfindlichen Pflanzen empfehlenswert. Die Pflanzen können noch zusätzlich mit Laub abgedeckt werden. So wird die Erdwärme besser ausgenützt

Die großen Steine, die Kiesfläche, Farne und Bambus bilden eine stilvolle Umgebung für Bonsais

Düngen

Pflanzen brauchen nicht nur Licht, Luft, Wasser und Erde, sondern auch Nährstoffe, die normalerweise in der Erde enthalten sind, aber im Laufe der Zeit ausgewaschen und verbraucht sind. Deshalb müssen der Pflanze regelmäßig Nährstoffe in Form von Dünger zugeführt werden.

Der Fachhandel bietet verschiedene Bonsai-Dünger an. Für jeden Pflanzentyp, für Jungpflanzen und alte Pflanzen gibt es spezielle Dünger in Pulverform, als Kugeln oder flüssig.

Bonsaidünger besteht aus wertvollen organischen Stoffen wie Rapsschrot, Blutmehl, Knochenmehl oder Fischmehl. Früher war es in Japan üblich, als Düngung einen vertrockneten Fisch zwischen Drainage und Bonsaierde in die Schale zu legen. So hat jeder seine speziellen Methoden.

Laubgehölze werden von April bis August gedüngt, Nadelgehölze bis Ende September, denn Nadelgehölze brauchen selbst noch im Winter Nahrung.

Düngemenge

Bonsais mit einer Schalengröße von 10 × 10 cm erhalten alle 14 Tage einen gehäuften Teelöffel organischen Pulverdünger, bei einer Schalengröße von 20 × 30 cm sechs gehäufte Teelöffel. Bei mittelgroßen bis großen Bonsais muß der Dünger in die Erde versenkt werden, indem man mit einem Bleistift Löcher in die Erde macht und sie mit Dünger füllt. Beim darauffolgenden Düngezeitpunkt darf nicht an derselben Stelle gedüngt werden, sondern die Düngegaben müssen nach und nach etwas versetzt werden, damit im Laufe der Düngeperiode sämtliche Wurzeln mit Nahrung versorgt werden. Bei Düngekugeln ist es ähnlich. Sie müssen wöchentlich versetzt werden, damit die Erde ganzflächig mit Dünger versorgt wird. Um eine Überdüngung zu vermeiden, ist es gut, regelmäßige Termine einzuhalten.

Organischer Flüssigdünger ist zu empfehlen, wenn man eine große Anzahl Pflanzen besitzt, denn die Gefahr der Überdüngung ist groß. Fester Dünger, Ku-

Auf Tischen über U-Steinen sind Bonsais von allen Seiten zugänglich, gut zu betrachten und zu pflegen und erhalten viel Licht

gel- und Pulverdünger, ist sichtbar und man düngt, wenn er weitgehend verbraucht ist.

Um- und Eintopfen von Bonsais

Das Eintopfen von Bonsais ist relativ einfach, wenn ein paar wichtige Regeln beachtet werden:

Ein- und umgetopft wird nur im Frühjahr, von März bis Ende April. Von September bis Oktober können Kiefern umgetopft werden. Eingetopft werden nur Pflanzen mit kräftigem, gesundem Wurzelballen. Pflanzen mit kranken Wurzelballen pflanzt man ins Freiland, in geschützter Lage, wo die Pflanze vor Wind und praller Sonne geschützt ist, oder in große Container, bis sie einen gesunden, kräftigen Wurzelballen und einen kräftigen Austrieb zeigen.

In der Regel werden Bonsais alle 2 bis 4 Jahre umgetopft. Frisch umgetopfte Bonsais dürfen erst gedüngt werden, wenn sich neue Wurzeln gebildet haben. Eine üppige Düngung ist bei frisch getopften Bonsais über längere Zeit unnötig, da genügend Nährstoffe in der neuen Erde enthalten sind.

Der Vorgang des Umtopfens

Man stellt eine geeignete Bonsaischale bereit. Die Pflanze muß im Ballenbereich etwas abgetrocknet sein. Dann nimmt man den Bonsai aus der Schale, entfernt die abgestorbenen Wurzelteile und schneidet um den Wurzelballen die langen Saugwurzeln ab, bis ein filziger Ballen übrigbleibt. Bis zu zwei Drittel der Wurzelmasse können entfernt werden. Als nächstes bereitet man die Schale vor. Die Abzugslöcher im Schalenboden bedeckt man mit Bonsainetzen und befestigt sie mit Draht, damit die Erde nicht herausfällt. Anschließend füllt man als Drainage den Schalenboden mit grobem Sand auf, bei kleinen Schalen etwa 1 cm hoch, bei großen bis 3 cm. Kiefern brauchen mindestens 3 cm Drainage, bei Rhododendren genügt 1 cm. Nun füllt man

Zeichnung Seite 57

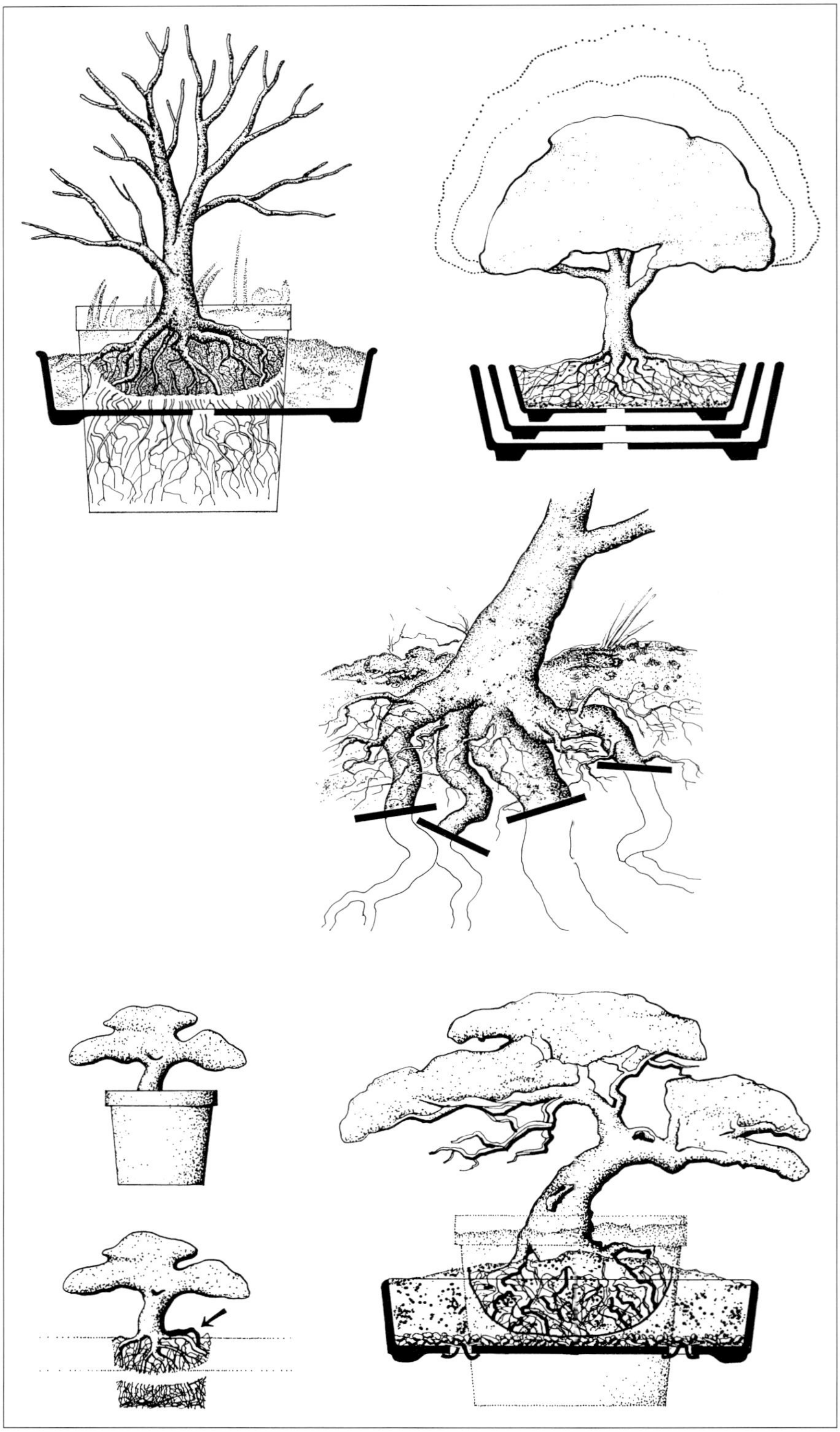

Links: Wenn man eine Pflanze aus dem Freiland in einen Container pflanzt oder aus einem Container in eine Bonsaischale, müssen die Wurzeln zurechtgeschnitten werden

Rechts: Alle zwei bis vier Jahre müssen Bonsais in ein größeres Gefäß umgetopft werden. Dabei wird ein Großteil der alten Erde entfernt und durch neue ersetzt

Hat die Pflanze genügend kleine Saugwurzeln unterhalb des Stammansatzes, können die starken Wurzeln gekappt werden, ohne daß die Pflanze zu sehr geschwächt wird

Unten:
In der Regel werden Bonsais in großen Gefäßen vorkultiviert.
Beim Übergang von großen Containertöpfen in flache Bonsaischalen kann ein Großteil der Wurzeln entfernt werden

Der Wurzelballen muß sehr flach geschnitten werden, damit die Pflanze gut in die Schale paßt. Am Schalenboden muß noch Platz für eine 1 cm starke Drainageschicht bleiben

etwas Bonsaierde in die Schale, um die Pflanze richtig plazieren zu können. Dann wird der Bonsai in die Schale gestellt, von allen Seiten betrachtet, damit er die richtige Stellung erhält und mit Bonsaidraht in der Schale befestigt. Nach einer letzten Kontrolle, ob die Position in der Schale und die Stammneigung richtig ist, wird sorgfältig mit Erde aufgefüllt. Damit sich die Erde gut um den Wurzelballen legt, wird das Gefäß mehrmals aufgestoßen und dann gut angegossen.

Als Deckschicht kann gesiebter, krümeliger gelber Lehm verwendet werden. Nach etwa einem Jahr bildet sich eine feine Moosschicht, die im Laufe von zwei bis drei Jahren geschlossen zuwächst. Eine andere Möglichkeit ist, Moos zu sammeln und zu trocknen. Es wird dann durch ein Sieb gerieben und mit Japanlehm (Akadama) vermischt. Bei locker aufgestreutem Moosgranulat muß in den nächsten Monaten sehr vorsichtig gegossen werden, damit die Deckschicht nicht abgeschwemmt wird. Die Moosbildung erfolgt dann sehr schnell.

Im Laufe der Jahre sammeln sich gebrauchte Bonsaischalen an, die man irgendwann wieder verwenden kann. Wenn man gebrauchte Schalen verwendet, müssen sie innen und außen gut gesäubert werden. In alten Schalen sind oft noch Schädlinge oder Pilze erhalten geblieben, die sonst in der frisch getopften Pflanze aktiviert werden.

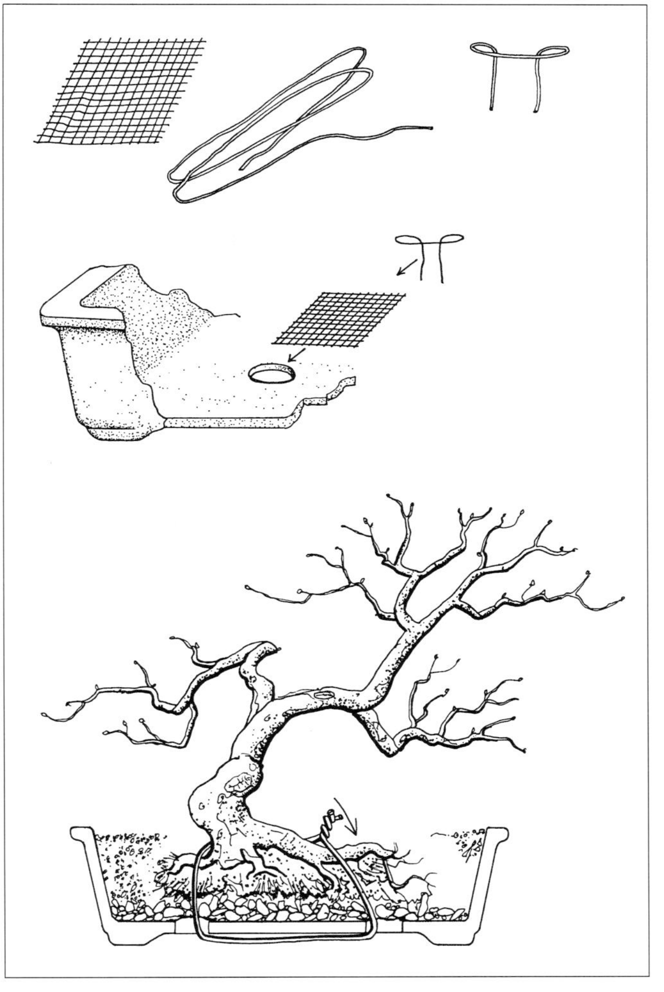

Oben:
Über die Abzugslöcher werden Bonsainetze gelegt und mit Draht befestigt

Unten:
Damit der Baum fest in der Schale sitzt, solange er noch nicht eingewurzelt ist, wird er durch die Abzugslöcher mit Draht befestigt

Erdmischungen

Es gibt Dutzende von Erdmischungen für Bonsais. Jeder erfahrene Bonsaisammler hat sein eigenes Rezept. Aber die beste Bonsaierde ist nichts wert, wenn die Pflege des Bonsai vernachlässigt wird. Fertige Bonsaierden werden im Fachhandel in verschiedenen Qualitäten und Zusammenstellungen angeboten.

Eine Universalmischung, die man sich selbst herstellen kann und die für alle Bonsais geeignet ist, besteht aus 1 Teil Lehm, 1 Teil Sand und 1 Teil Torf.

Die trockene Erde wird gemischt, gesiebt, eventuell in verschiedenen Körnungen, und auf Vorrat bereitgelegt.

Einfacher ist es, fertig gemischte Bonsaierde zu verwenden und je nach Bedarf Sand, Humus oder Torf hinzuzugeben. Bei Nadelgehölzen gibt man mehr Sand und Tongranulat hinzu, bei Laubgehölzen etwas mehr Humus.

Junge Pflanzen brauchen einen leichten Boden, der mehr Wasser aufnimmt. Also mischt man einen größeren Teil Torf bei, damit die Pflanzen schneller wachsen. Größere Pflanzen, die kein Wachstum mehr bringen müssen, erhalten mehr Sand und Lehm.

Verschiedene Erden und ihre Eigenschaften

Japanlehm (Akadama) ist eine Erde, die auch bei uns immer mehr verwendet wird. Es gibt sie in fünf verschiedenen Körnungen, meist sind nur zwei oder drei erhältlich. Akadamaerde ist eine Universalerde in Kristallkörnung, die auch nach Jahren nicht verklumpt oder sich verdichtet. Sie ist durchlässig und gewährleistet, daß die Pflanzenwurzeln sehr gut mit Luft und Wasser versorgt werden.

Hochmoortorf ist eine Erde, die für Azaleen und Rhododendren verwendet wird. Sie hält Wasser wie ein Schwamm sehr lange fest, ist also ein Substrat, das für Moorbeetpflanzen eingesetzt wird. Wenn Torf zu 100% verwendet wird, darf nur mäßig gegossen werden, damit die Wurzeln noch mit Luft versorgt werden und nicht absterben.

Wird Torf unter Bonsaierde gemischt, kann normal gegossen werden.

Für Rhododendron können auch verrottete Fichtennadeln beigemischt werden. Fichtennadeln bilden im Laufe der Zeit saure Erde, die wichtig für alle Moorbeetpflanzen ist.

Zum Beimischen in Erde ist Tongranulat geeignet oder Bimskies, grober Quarzsand, verwitterter Granitkies oder gewaschener Flußsand. Solche Granulate werden auch als Drainage und zum Beimischen in Substrate für Nadelgehölze verwendet.

Die Erde eines vorschriftsmäßig gegossenen Bonsai setzt nach einiger Zeit einen weißen Wurzelpilz an, Mycorrhiza genannt. Dieser Wurzelpilz ist ein Zeichen dafür, daß der Wurzelballen gesund ist, und darf nicht entfernt werden. Er ist an seinem angenehmen, frischen Pilzgeruch erkennbar.

Chinesischer Wacholder, *Juniperus chinensis*, keine typische einheimische Pflanze, aber schon seit vielen Jahrzehnten in Europa eingebürgert

Krankheiten und Schädlinge

Um Bonsais vor Krankheiten und Schädlingen zu schützen, ist es wichtig, die Pflanzen regelmäßig von allen Seiten zu betrachten, sie ab und zu aus der Schale zu nehmen und den Wurzelballen zu kontrollieren. Eine weitere Schutzmaßnahme ist, die Pflanzen so aufzustellen, daß keine Schnecken, Ameisen und sonstigen Schädlinge an die Pflanze gelangen. Ein luftiger Standort ist ein zusätzlicher Schutz gegen Schädlinge. Deshalb muß jede Pflanze genügend Raum um sich haben.

An zu dicht aufgestellten Pflanzen entstehen Stellen, an denen sich Schnecken und Raupen niederlassen. Schnecken kann man ablesen oder notfalls mit Schneckenkorn bekämpfen. Raupen liest man ebenfalls von Hand ab oder spritzt mit einem Pflanzenschutzmittel. Schildläuse sind flach an der Pflanze haftende Schädlinge, die man schlecht mit Spritzmittel bekämpfen kann, da sie eine Art Schutzschild haben. Man schabt sie mit einer Pinzette ab und betupft die Stelle mit Olivenöl.

Wurzelläuse sitzen im Wurzelballen und haben eine weiße bis hellblaue Farbe. Wurzelläuse schädigen die Wurzelteile, dadurch wird die Pflanze geschwächt. Oft erkennt man sie an den gelben Blättern der Pflanze. Wurzelläuse bekämpft man mit einer Gießlauge aus einem Pflanzenschutzmittel.

Blatt- und Wolläuse siedeln sich oft an den Blattunterseiten an. Wenn sie in großen Scharen auftreten, muß man spritzen. Gegen Wolläuse an Lärchen und Rotbuchen gibt man ein handelsübliches Spülmittel bei, damit die Spritzlauge nicht abperlt.

Bonsais werden nicht nur von tierischen Schädlingen befallen, es gibt eine Reihe von Pilzerkrankungen, die der Pflanze schaden können. Pilze werden durch Sporen verbreitet und treten bei warmem, feuchtem Wetter vermehrt auf. Man bekämpft sie mit einem handelsüblichen Pilzmittel und gibt der Pflanze einen sonnigeren, trockenen Standort.

Mehltau tritt oft bei Eichen auf. Sternrußtau ist ein schwarzer Belag auf der Blattoberseite, der oft bei Liguster und verschiedenen Ahornarten auftritt. Die Ursache ist zunächst ein Befall von Blattläusen. Ihre Absonderung ist klebrig und begünstigt die Entwicklung des Sternrußtaus. Gegenmaßnahme ist zunächst die Bekämpfung der Blattläuse.

Beim Kauf von Pflanzenschutzmitteln sollte man sich im Fachhandel beraten lassen. Wegen der unterschiedlichen Pflanzenschutzgesetzgebung in den einzelnen Ländern ist es nicht möglich, hier bestimmte Empfehlungen auszusprechen. Bonsais werden mit den gleichen Mitteln behandelt wie andere Pflanzen und in den gleichen Verdünnungen. Schädlingsbekämpfungsmittel und Laugen sind teilweise hochgiftig und dürfen nur in sinnvollen Maßen eingesetzt werden. Eine sichere Aufbewahrung vor Kindern und Haustieren ist oberstes Gebot. Übriggebliebene Laugen dürfen nicht weggeschüttet werden, müssen also vorschriftsmäßig entsorgt werden.

Die meisten Schäden an Bonsais entstehen aber nicht durch Schädlinge, sondern durch Pflegefehler wie Staunässe, Überdüngung oder falschen Standort.

Große, irreparable Schäden können auch Hunde oder Katzen anrichten, indem sie beim Durchlaufen Äste abbrechen oder mit ihrem Urin Verbrennungen verursachen wie bei extremer Überdüngung.

Bonsai-Zubehör

Bonsai-Schalen

Bonsaischalen
Foto Seite 62

Bonsaigefäße gibt es in vielen Formen, Farben und Größen. Ein riesiges Sortiment steht dem Bonsaisammler zur Verfügung. So vielfältig wie die Formen der Pflanzen ist auch das Sortiment der Bonsaischalen. Um die Wahl der richtigen Schale zu erleichtern, muß man wissen, welcher Schalencharakter für welchen Bonsai paßt. Für hohe und aufrechte Bonsais nimmt man flache Schalen. Für breite Bonsais mit starkem Stamm verwendet man mittelhohe Schalen. Für hängende Bonsaiformen braucht man schlanke, hohe Schalen.

Nicht nur die Form der Schale, sondern auch die Farbe und Struktur der Bonsaischale spielt eine große Rolle bei der Gestaltung.

In Japan verwendet man für Nadelgehölze unglasierte, braune, dezente Schalen. Für alle Laubgehölze nimmt man glasierte Schalen von dezentem Beige-braun, Schilfgrün, Oliv bis hin zu Blautönen. Für blühende Gehölze verwendet man Schalen, die in der Farbe zur Bonsaiblüte passen. Ist dies nicht möglich, kann man Altweiß oder Schwarz nehmen. Für blühende Bonsais stehen besonders schöne Schalenformen zur Verfügung, die sogenannte Blütenform. Diese Schalen sind bei uns leider selten zu bekommen.

Ein Großteil von Importschalen ist frostfest gebrannt. Trotzdem sollten Bonsais, die im Winter in Beeten eingegraben werden, vorher aus der Schale genommen und die Schalen trocken gelagert werden, besonders große und teure Schalen. Kleine Bonsais können mit der Schale eingegraben werden, wenn die Schale frostfest ist.

Wer gerne kreativ tätig ist, kann sich seine Schalen auch selbst töpfern. Im Fachhandel gibt es das richtige Handwerkszeug sowie verschiedene Tonarten, Glasuren und sonstiges Zubehör. Bei der Herstellung von Bonsaischalen sollte man sich an den japanischen und chinesischen Schalen orientieren. Eigene Kreationen wirken oft etwas übertrieben und kitschig. Die Schale muß neutral und dezent wirken, damit eine harmonische Zusammenstellung entsteht. Übertriebene Formen und aggressive Muster auf der Schale lenken den Blick vom Baum ab und stören die Harmonie der Zusammenstellung. Das Hauptelement sollte der Bonsai in der Schale sein, und erst an zweiter Stelle kommt die Schale.

Gute Bonsaischalen sind oft nicht billig und können einen erheblichen Kostenfaktor darstellen. Dafür gibt es zwei Alternativen:

Die Schale selbst fertigen oder Kunststoffschalen verwenden, die vor allem im großformatigen Bereich preiswert sind. Solche Kunststoffschalen sind nicht aus reinem Kunststoff. Sie werden aus einem Laminat von Polyetylen, Steinmehl und natürlichem Farbstoff hergestellt.

Wenn sie längere Zeit in Gebrauch sind, nehmen Kunststoffschalen eine natürliche Patina an, die sie kaum von Steinschalen unterscheidet. Kusntstoffschalen benutzt man vor allem dort, wo sich teure Steinschalen noch nicht lohnen, zum Beispiel für die Anzucht von alten Jamadori oder von Rohware. Oft müssen Jamadori jahrelang in einem flachen Gefäß gezogen werden. Für den Transport von großen Ausstellungspflanzen besteht bei Kunststoffschalen keine Bruchgefahr.

Bonsaisammler sind oft auch Bonsaischalensammler, die immer auf der Suche nach wertvollen alten Schalen sind. In Japan finden regelmäßig Auktionen statt,

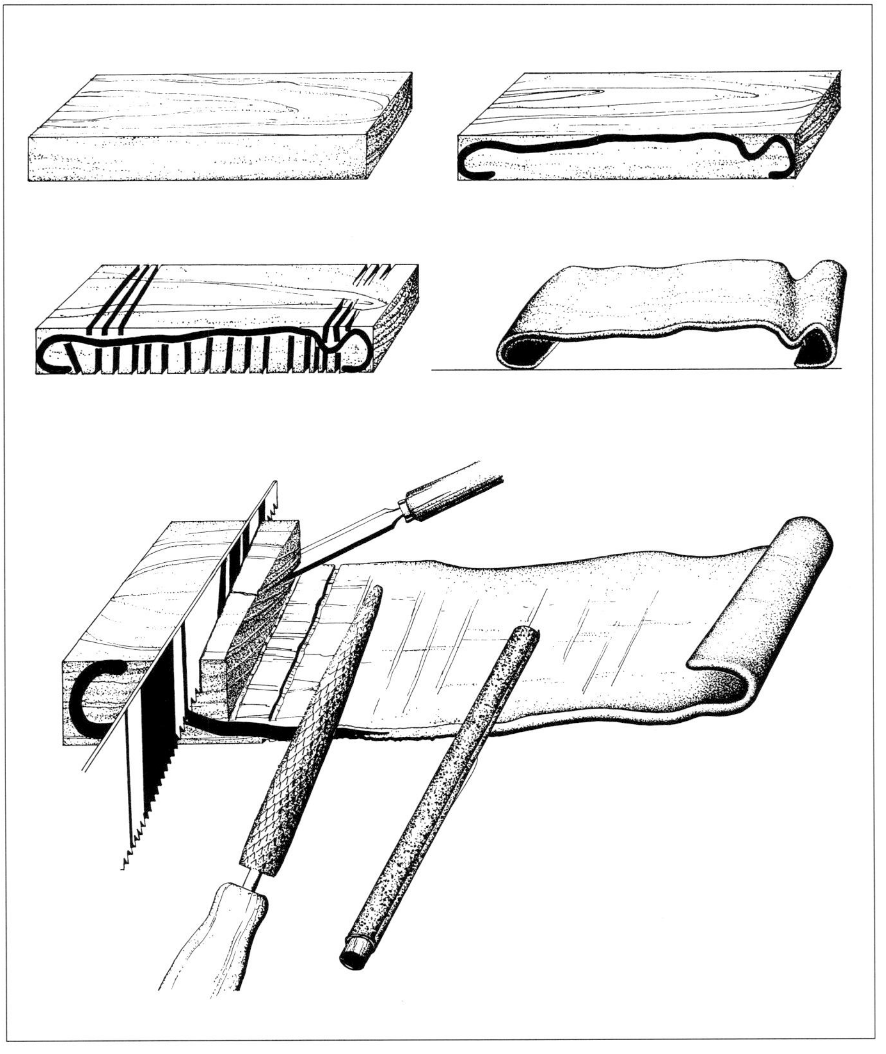

Fertigung eines Bonsaitisches aus einem Stück Holz. Benötigt wird ein Stück Weichholz 35 × 80 × 5 cm. Mit einem dicken Faserstift zeichnet man an der Schmalseite die Kontur des fertigen Tisches auf. Mit einer Säge sägt man in kleinen Abständen Rillen ins Holz, nicht ganz bis zur angezeichneten Kontur. Mit einem Stemmeisen stemmt man streifenweise das Holz ab. Mit einer groben Holzraspel raspelt man das Holz glatt. Zuletzt schleift man den ganzen Tisch mit Sandpapier ab, Ecken und Nischen mit einem mit Sandpapier umwickelten Rundholz. Der fertige Tisch wird mit Holzlasur gestrichen und nach der Trocknung dreimal lackiert

auf denen alte Bonsaischalen versteigert werden. In Europa besteht kaum die Möglichkeit, an solche Raritäten heranzukommen.

Bonsai-Tische

Ob in Ausstellungen oder zur Dekoration in der Wohnung, schöne Bonsais kommen besser zur Geltung, wenn sie erhöht auf einem Bonsaitisch stehen. Sehr kunstvolle Tischlerarbeiten aus edlen Hölzern sind keine Seltenheit. Viele Bonsaimeister tischlern und schnitzen ihre Tische selbst oder lassen sie von fähigen Tischlern als Einzelstücke anfertigen. Für begabte Heimwerker ist es kein Problem, einfache Tische anzufertigen. Man kann Tische aus einem Stück Holz anfertigen, ähnlich wie ein Tablett mit Füßen, oder man macht sich die Arbeit und baut einen Tisch aus mehreren Elementen mit Filigranleisten und kunstvollen Schnitzereien.

Eine gute Tischlerarbeit verlangt Planung und Überlegung. Man überlegt, was für ein Bonsai soll auf den Tisch gestellt werden. Ist es eine bestimmte Pflanze oder

Bonsaischalen in verschiedenen Größen und Formen kann man nicht genug haben

soll der Tisch universell für verschiedene Bonsais angefertigt werden? Als Material verwendet man einheimische Hölzer, am besten Abfallstücke, die auch bei sehr teurem Holz erschwinglich sind. Als Farbton wählt man eine dunkle, unauffällige Farbe und eine Lasur, die das Gesamtbild Bonsai – Schale – Tisch harmonisch erscheinen läßt. Tische dürfen keine intensive Farbe haben, da sie sonst den Blick von der Pflanze ablenken.

Werkzeug und Material

Um bequem und ordentlich arbeiten zu können, ist ein Sortiment an gut funktionsfähigem Werkzeug notwendig. Billiges Ersatzwerkzeug erschwert nicht nur die Arbeit, sondern macht aus einer gut gemeinten Arbeit eine schlechte. Qualitätswerkzeug und Zubehör gibt es überall im Bonsai-Fachhandel. Gute Werkzeuge sind nicht billig, halten aber bei ordentlicher Pflege ein Leben lang. Man muß sich nicht gleich einen kompletten Satz zulegen. Eine sehr gute Ausstattung enthält folgende Geräte:

- eine schmale Bonsaischere
- eine breite Schere
- eine Konkavzange
- eine Jinzange
- eine Pinzette
- ein Bonsaibesen oder -pinsel
- eine Drahtzange
- eine Wurzelkralle
- ein Satz Erdschaufeln (3 Größen)
- eine Bonsaikelle aus Messing oder Edelstahl
- eine Klappstichsäge
- ein Satz Schnitzwerkzeuge
- eine Gießkanne mit langem Gießarm und feinem Brausekopf

Der Anfänger kommt mit sehr viel weniger zurecht, nur eine schmale Bonsaischere ist ganz unerläßlich.

Außerdem benötigt man einiges Material wie

- verschiedene Bonsaierden und Granulate
- Bonsaidraht in verschiedenen Stärken
- Plastiknetze
- Bonsaidünger
- Baumwachs
- eine kleine Sammlung von Bonsaischalen

Pflege der Werkzeuge

Um dauerhaft mit Werkzeug arbeiten zu können, ist eine sachgemäße Pflege notwendig. Werkzeuge, hauptsächlich Scheren und Zangen, müssen nach Gebrauch von Harz, Schmutz und Pflanzenresten gesäubert werden. Hartnäckige Harzreste schabt man ab und reinigt die Schnittfläche mit Nähmaschinenöl. Wenn Scheren und Zangen längere Zeit nicht gebraucht werden, bestreicht man sie mit Öl und reibt sie anschließend wieder ab, wikkelt sie in einen trockenen Wollappen und

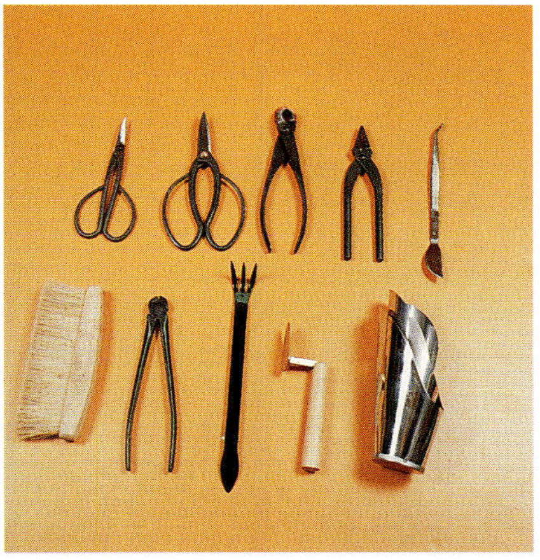

Von links nach rechts und von oben nach unten: Schmale und breite Bonsaischere, Konkavzange, Jinzange, Pinzette, Bonsaibesen, Drahtzange, Wurzelkralle, Bonsaikelle, Erdschaufeln, Lacbalsam, Knetbarer Wundkitt, Hormonpulver, Bleichmittel, Klappsäge, Wurzelmesser, Schälmesser für Jinarbeiten

bewahrt sie in einem trockenen Raum auf. Von Zeit zu Zeit müssen Scheren, Zangen und Messer geschliffen werden. Das kann man mit einem feinen Ölstein selbst machen.

Rostfreies Bonsaiwerkzeug wird auch bei uns schon seit einiger Zeit angeboten, ist aber ein mehrfaches teurer als normales Werkzeug. Sammler, die viel draußen arbeiten, benötigen es möglicherweise.

Bonsaiverbrauchsmaterial wie Dünger und Erde müssen in einem trockenen Raum gelagert werden. Erde, die verregnet ist, läßt sich schlecht oder gar nicht verarbeiten. Pulver- und Kugeldünger verdirbt durch Nässe. Bonsaischalen können umgestülpt das ganze Jahr über im Freien aufbewahrt werden.

Verstell- und drehbarer Arbeitstisch erleichtert die Arbeit

Bonsainetz, Holzstäbchen Granulat, Bonsaidünger, Bonsaidraht

Bonsais aus einheimischen Gehölzen

Feldahorn, Acer campestre

In Mitteleuropa weit verbreitet, in Deutschland an Straßenrändern, in Hecken und Anlagen zu finden. Sehr schön im Herbst durch seine Gelb-Orange-Färbung. Kein einheimisches Laubgehölz ist so gut für die Bonsaigestaltung geeignet. Feldahorn läßt sich in allen möglichen Formen gestalten und in Größen von 10 cm bis 1,00 m. Kleine Blätter erhält man, indem man die Pflanze in die volle Sonne stellt. Feldahorn wird in guten Baumschulen angeboten. Allerdings ist das Pflanzenmaterial meist etwas zu stark. Die ideale Stärke ist etwa daumendick am Wurzelansatz. Bei solch jungen Pflanzen läßt sich die Stammform noch gut regulieren und durchgestalten.

Erde: Feldahorn ist ein anspruchsloses Gehölz. Als Pflanzerde können alle Erdmischungen verwendet werden. Für junge Pflanzen verwendet man eine etwas leichtere Erde, für große nimmt man eine schwerere, indem etwas mehr Sand und Lehm beigemischt wird.

Düngung: Alle organischen Bonsaidünger können verwendet werden. Gedüngt wird ab April mit organischem Flüssigdünger. Nach vier Wochen düngt man regelmäßig mit Pulver- oder Kugeldünger. Bei Pulverdünger kommt 1 Teelöffel in eine Schale von 10 × 12 cm (alle 4 Wochen bis August). Der Dünger wird in kleinen Häufchen aufgelegt, und beim Nachdüngen kommt er an eine andere Stelle.

Überwinterung: Es ist kein besonderer Schutz nötig. Eine Überwinterung unter Folie oder Glas bietet genügend Schutz. Kleine Pflanzen muß man etwas eingraben oder mit lockerer Erde, Sand, Torf oder Laub zudecken. Das Überwinterungsbeet muß gut abgedichtet werden, damit keine Mäuse die Stämme anbeißen.

Drahten: Feldahorne wachsen sehr hakig und kantig und müssen deshalb gedrahtet werden, um eine harmonische Astführung zu erzielen. Gedrahtet wird im zeitigen Frühjahr, und entdrahtet wird ab Sommer bis Herbst. Der Draht verbleibt etwa 3 bis 5 Monate an der Pflanze. Bei jungen Trieben kann der Draht schon in ein paar Wochen tief einwachsen und muß dann entfernt werden. An solchen Trieben ist dann kein Draht mehr nötig. Im Herbst kann auch der Draht an dicken Ästen entfernt und bei Bedarf im folgenden Frühjahr wieder angelegt werden, besonders an Ästen, die korrigiert werden müssen.

Schneiden der Äste: Ein Astschnitt kann das ganze Jahr vorgenommen werden. Ideal sind allerdings die Monate Januar bis März, in denen die Pflanze keinen Saft führt und nicht ausbluten kann. Außerdem ist die Pflanze noch ohne Laub und kann bequem geschnitten werden. Feiner Triebnachwuchs, der sich im Sommer bildet, kann sofort in Form geschnitten werden. Alle Schnittstellen müssen mit Baumwachs oder Lacbalsam versorgt werden.

Blattschnitt: Bei Feldahorn darf nicht jedes Jahr ein Blattschnitt vorgenommen werden. Das heißt, die Pflanze ist nicht jedes Jahr für Ausstellungen verfügbar. Man muß deshalb für Jahre voraus planen.

Standort: Feldahorne wachsen oft als Unterholz in lichten Wäldern und Parks, vertragen also auch ganz gut Schatten. Als Bonsai gezogen, müssen sie aber viel Sonne haben, damit die Blätter nicht zu groß und die Blattstiele nicht zu lang wachsen. Werden Feldahornbonsais im Halbschatten plaziert, ist es sinnvoll, die

Feldahorn
15 Jahre alt,
25 cm hoch

Der gleiche Baum
in Herbstfärbung

Felsenahorn mit geneigtem Stamm im Austrieb

Pflanze von Zeit zu Zeit zu drehen, damit die Blätter nicht einseitig in eine Richtung wachsen.

Umtopfen: Feldahornbonsais werden in der Regel wie alle anderen Laubgehölze alle 2 bis 4 Jahre umgetopft, je nach Alter der Pflanze. Die richtige Jahreszeit ist das Frühjahr, von März bis Ende April. In dieser Jahreszeit vertragen Feldahorne einen kräftigen Wurzelschnitt.

Stilformen: Feldahorn kann man in allen Stilarten gestalten, in aufrechten eleganten Formen oder bizarren und dynamischen. Probleme gibt es bei der Kaskadenform. Halbkaskaden sind noch möglich, aber zu stark heruntergezogene Äste trocknen ein. Die Größe kann vom 10 cm hohen Mamebonsai bis hin zum großen 60–80 cm großen Solitärbonsai reichen. Große Feldahorne sind aber sehr selten. Findlinge in der Natur haben oft so viele Mängel, daß man besser auf sie verzichtet. Feldahorn kann man aber so geschickt zurückschneiden, daß man wertvolle Kleinbonsais daraus machen kann.

Felsenahorn, Acer monspessulanum

Ähnlich wie Feldahorn, eine kleinblättrige Ahornart, die sehr gut für die Bonsaigestaltung geeignet ist. In Deutschland ist er sehr selten anzutreffen. Ursprünglich kommt der Felsenahorn aus Südostfrankreich, wo er sehr häufig auf felsigen Böden vorkommt. Meist wächst diese Art buschförmig. Nur selten findet man größere Bäume bis zu Höhen von 9 m. Felsenahorn erreicht in der Natur kein hohes Alter, aber

Der gleiche Baum im Sommer.
40 cm hoch,
seit etwa 8 Jahren gestaltet

trotzdem ist er für die Bonsaigestaltung geeignet, und bei guter Pflege ist auch ein hohes Alter möglich. Der Blattschnitt darf nicht übertrieben werden. Die Erde darf nicht zu naß und humos gehalten werden. Schalen dürfen nicht zu flach sein, was für alle Ahorne gilt.

Erde: Als Erde kann man handelsübliche Bonsaierde benutzen, gemischt mit 50–80% gebranntem Tongranulat (Körnung 3–5 mm). Bei jungen Pflanzen verwendet man eine Erdmischung, die etwas mehr Humus enthält. Bei alten Pflanzen verwendet man einen Großteil gebrannten Ton oder groben Sand. Japanlehm kann verwendet werden, wenn etwas Torf beigemischt wird und eine Drainage aus grobem Splitt eingebracht wird.

Düngung: Alle organischen Bonsaidünger können verwendet werden.

Gedüngt wird von April bis Ende August in kleinen Düngegaben, 1 Teelöffel auf 10 × 10 cm Erdoberfläche.

Kugeldünger: 1 Kugel auf 10 × 10 cm Erdoberfläche. Alle 14 Tage werden die Düngekugeln ein Stück versetzt, damit die Pflanze optimal mit Nahrung versorgt wird.

Überwinterung: Für die Überwinterung ist kein zusätzlicher Schutz notwendig, nur Schutz vor Nagern ist angebracht. Mäuse fressen in strengen Wintern gerne die Rinde von Ahorn an.

Drahten: Es genügt, den Draht von März bis August an der Pflanze zu lassen. Drahten sollte man so früh wie möglich, also noch im Winter (Februar, März), nach Möglichkeit doppelt nebeneinander. Von Juni an muß der Draht überprüft werden, damit er nicht einwächst.

Eschenahorn
45 cm hoch,
aus Samen gezogen,
10 Jahre alt

Schneiden der Äste: Am besten in der Ruheperiode der Pflanze im Januar oder Februar.

Formschnitt: Anfang Juni bis Ende August nach Bedarf.

Blattschnitt: Alle zwei bis drei Jahre kann ein Blattschnitt vorgenommen werden. Die Blätter werden bis zum Blattstiel abgeschnitten. Blattstiele bleiben stehen.

Standort: Im Sommer volle Sonne oder etwas Schatten. Bei zuviel Schatten wächst die Pflanze einseitig und bekommt lange Blattstiele und große Blätter.

Umtopfen: Junge Pflanzen alle 2 bis 3 Jahre. Ältere und alte alle 4 Jahre.

Eschenahorn, Acer negundo

Eschenahorne kommen bei uns nur selten vor. Auch Baumschulen verfügen selten über bonsaigeeignetes Material. In Parks und in Gärten kommen sie als Zuchtform mit weißgrün gemusterten Blättern vor. Die meisten Formen sind mehrstämmig. Die Herbstfärbung hängt stark vom Standort ab. Ein schattiger Platz gibt der Pflanze im Herbst die beliebte hellgelbe Farbe.

Erde: In der Natur lieben Eschenahorne einen humosen, kühlen Boden und verlangen als Bonsai eine Erdmischung, die von jedem etwas bringt (1 Teil Lehm, 1 Teil Sand, 1 Teil verrotteter Kompost). Bei älteren Pflanzen muß der Lehmanteil erhöht

Der gleiche Baum in Herbstfärbung

werden. Es muß ein durchlässiger Lehm sein, am besten Akadamalehm. Wird in flachen Schalen gepflanzt, muß eine Drainage von 1 cm berücksichtigt werden. In sehr flachen Schalen müssen Eschenahorne schattiert werden, damit die dünne Schicht Erde nicht zu schnell austrocknet.

Düngung: Übliche Bonsaidünger werden verwendet. Die Düngegaben dürfen nur schwach bemessen sein, damit die Kraft des Bonsai sich nicht im oberen Kronenbereich auswirkt. Bei schwacher Düngung kann man das Wachstum gezielt gleichmäßig steuern, ohne daß einzelne Äste absterben, was immer wieder vorkommt.

Überwinterung: Geschützt unter Folie oder Glas. Bei hohen Schalen ist kein zusätzlicher Schutz nötig. Bei flacher Schalenhöhe (3–6 cm) muß der Erdballen in lockere Erde, Laub oder Sand eingesenkt werden. Eine frostfreie Überwinterung wird nötig, wenn im Laufe des Sommers ein größerer Wurzelschaden entstanden ist, was bei Ahorn keine Seltenheit ist.

Drahten: Das sehr harte Holz von Eschenahorn läßt sich sehr schlecht biegen, ohne daß es bricht. Deshalb ist es ratsam, nur Äste zu drahten, die noch biegsam sind. Dies sind 1- bis 2jährige Äste, die mit papierumwickeltem Draht geformt werden. Im November läßt sich Eschenahorn am besten biegen. Beim Formen darf nur sanft gebogen werden. Extreme Windungen sind nicht möglich.

Schneiden der Äste: Im Winter können Äste geschnitten werden, ohne daß viel Pflanzensaft aus der Pflanze dringt. Die Schnittstellen müssen sofort verschlossen werden, damit die Pflanze nicht verblutet. Wenn Äste im Sommer austreiben – oft sind es nur einzelne im oberen Bereich – müssen diese total herausgeschnitten werden, damit mehr Astdichte im unteren und inneren Bereich entsteht.

Formschnitt: Ähnlich wie bei Kastanien und Spitzahorn stehen die Blätter oft weit über die Profillinie hinaus. Deshalb müssen überstehende Blätter eingekürzt werden. Weiche Neutriebe werden den ganzen Sommer bündig eingekürzt.

Blattschnitt: Bei Eschenahorn darf der Blattschnitt nicht zu früh vorgenommen werden, da sich sonst die Blätter teilweise recht groß auswachsen. Der früheste Termin, einen Blattschnitt vorzunehmen, ist Ende Juni bis Anfang Juli. Bei jungen Pflanzen macht man alle zwei Jahre, bei älteren alle drei Jahre einen Blattschnitt.

Standort: Wegen der großen Blätter und der langen Blattstiele stellt man den Eschenahorn an einen exponierten sonnigen Platz. Junge Pflanzen in kleinen Schalen werden etwas schattiert.

Umtopfen und Ausgraben: Von März bis Ende April kann in der Natur ausgegraben werden. Umgetopft wird von Februar bis April und von Oktober bis November. Muß ein starker Wurzelschnitt vorgenommen werden, zieht man das Frühjahr vor.

Stilformen: Für den unerfahrenen Bonsaigestalter sind aufrechte und leicht geneigte Formen zu empfehlen. Da keine extremen Biegungen möglich sind, wird man sich immer für aufrechte Formen mit geraden Ästen entscheiden. Auch die streng aufrechte Form oder die Besenform eignet sich für diese Pflanzenart gut. Auch kleine Wäldchen oder Gruppen sind gut zu gestalten. Das Pflanzenmaterial für den Anfang darf nicht unter 30 cm Höhe liegen, denn die Blattgröße verlangt schon ein größeres Format.

Wässern: Eschenahorn hat oft recht dünne Stämme. Dieser Umstand verlangt dementsprechend flache Schalen. Bonsais in flachen Schalen trocknen aber in voller Sonne relativ schnell aus. Deshalb muß im Hochsommer täglich zweimal gegossen werden. Als Gießwasser ist aufgefangenes Regenwasser ideal. Im Herbst, wenn die Blätter sich färben, ist das Gießen einzustellen, damit keine Wurzelfäule entsteht und die Pflanze den kommenden Winter überlebt.

Spitzahorn, Acer platanoides

Diese Ahornart fällt durch ihre schöne Blattform auf. Als Bonsai sind Spitzahorne sehr beliebt, allerdings wie alle großblättrigen Ahorne nicht gut geeignet für die Gestaltung. Oft wird der Fehler gemacht, Spitzahorn klein zu halten. Spitzahornbonsais brauchen eine große Gestalt, ab 80 cm aufwärts. Dies ist nötig, damit sie maßstabsgetreu wirken. Spitzahorne sind robuste und anspruchslose Bäume, die auf jedem Boden und auch relativ schnell wachsen. Im Herbst färben sich Spitzahorne in herrliches leuchtendes Gelb bis Orange. Schon aus diesem Grund gibt es viele Sammler, die sich für Spitzahornbonsais begeistern.

Erde: Spitzahorne benötigen keine besondere Erde. Sie darf lehmig und schwer sein, muß aber wasserdurchlässig sein, damit die Wurzeln genügend Sauerstoff bekommen. Eine ideale Erde wäre sehr grobe Akadamaerde, mit etwas Humus vermischt. Als Drainage verwendet man reine Akadamaerde, in der Körnung 10–14 mm. Die Schalen dürfen nicht unter 5 cm hoch sein. Gießen darf man reichlich mit Leitungs-, Regen- und Brunnenwasser.

Düngung: Alle handelsüblichen, organischen Bonsaidünger können verwendet werden. Da die Zusammensetzung von Kugel-, Pulver- oder Flüssigdünger verschieden ist, ist es richtig, wenn jährlich das Produkt gewechselt wird. Gedüngt wird von Mai bis September, 1 Teelöffel Pulverdünger auf eine Erdoberfläche von 10 × 10 cm, in Abständen von 4 Wochen. Wenn etwas üppiger gedüngt wird, müssen Dün-

Spitzahorn 45 cm hoch, 12 Jahre alt, seit 10 Jahren gestaltet

gereste vor der Einwinterung entfernt werden.

Überwinterung: Spitzahornbonsais sind im Winter recht widerstandsfähig und können im Freien überwintert werden, wenn man folgendes beachtet: Der Bonsai wird aus der Schale genommen und im Garten an einem schattigen Platz eingegraben. Am besten unter einem Baum oder Strauch. Die Erdoberfläche kann man noch mit etwas Laub oder Fichtenwedeln abdecken.

Drahten: Gedrahtet wird Spitzahorn von November bis April. Anschließend bleibt der Draht bis zum Sommer an der Pflanze. Bei jüngeren Zweigen wird der Draht im Laufe des Sommers einwachsen, dann wird er entfernt und nach ein paar Monaten etwas nachgedrahtet. Am Stamm und der Stammvergabelung darf der Draht auf keinen Fall einwachsen.

Schneiden der Äste: Wie bei den meisten Ahornarten werden Spitzahorne geschnitten, wenn die Pflanzen ruhen (von Januar bis März). Kleine Äste können das ganze Jahr geschnitten werden. Schnittstellen von mehr als 3 mm Durchmesser müssen mit Baumwachs oder Lacbalsam bestrichen werden, damit sich keine Fäulnis im Astinneren bildet.

Formschnitt: Der Formschnitt findet ebenfalls im Winter statt, in der laublosen Zeit, wenn man die Astführung gut beurteilen kann. Im Laufe von Frühjahr und Sommer wird sich die Form verwachsen,

Bergahorn nach dem Austrieb, 38 cm hoch, 14 Jahre alt, seit 10 Jahren gestaltet

dann schneidet man die Form nochmals zurecht.

Blattschnitt: Um einen schönen Spitzahornbonsai zu erhalten, muß man einen Blattschnitt vornehmen. Das kann jährlich geschehen, von Mitte bis Ende Juni. Man schneidet die Blätter alle ab und läßt die Blattstiele stehen. Nach ein paar Wochen treiben neue Blätter nach, die nur halb so groß wie die ersten sind.

Standort: Im Sommer brauchen Spitzahornbonsais einen hellen, sonnigen Platz, um keine zu großen Blätter zu treiben. Steht die Pflanze an einem einseitig sonnenbeschienenen Platz, etwa an einer Hauswand oder neben einem Baum, so muß sie von Zeit zu Zeit gedreht werden, damit sie nicht einseitig wächst. Ein erhöhter Standplatz von 50–120 cm gibt der Pflanze zusätzliches Licht.

Umtopfen: Alle 2 bis 4 Jahre werden Spitzahornbonsais umgetopft, in Schalen nicht unter 5 cm Höhe. Zeit zum Umtopfen ist von Februar bis Ende April.

Stilformen: Spitzahornbonsais lassen nicht viele Formmöglichkeiten zu. Empfehlenswerte Formen sind Dreier- oder Fünfergruppen, streng aufrechte Besenform oder geneigte Formen. Spitzahorne sind sehr grob im Wuchs. Kleine Bäume unter 60 cm sind nicht sinnvoll. Die ideale Größe sind 80–140 cm.

Bergahorn, Acer pseudoplatanus

Mächtige Bäume sind in den Alpen zu finden und in Parks und städtischen Anlagen angepflanzt. Auffällig ist die interessant abblätternde Rinde, die im Alter eine schöne Struktur bildet. Die Blüte erscheint im Frühling in einer frischgrünen Färbung vor den Blättern. Bergahorne haben eine auffällige bunte Herbstfärbung von gelb bis rotorange.
Als Bonsai sind Bergahorne ziemlich grobwüchsig mit großen Blättern und starken Trieben. Man muß deshalb etwas größere Maßstäbe ansetzen. Ab 80 cm wirken Bonsais schon harmonisch. Die wenigen und zu großen Blätter werden im Juni durch Blattschnitt reduziert.

Erde: Alle üblichen Bonsaierden kann man verwenden. Für große und ältere Pflanzen verwendet man einen durchlässigen Lehm (Akadama). Für junge Pflanzen gibt man etwas mehr Torf dazu.

Düngung: Organischer Bonsaidünger in Kugel-, Pulver- oder flüssiger Form alle 4 Wochen von April bis August. Soll im Sommer ein Blattschnitt vorgenommen werden, kann man die Erstdüngung mit flüssigem Dünger vornehmen. Dadurch treiben die Blätter etwas schneller aus und der Blattschnitt kann ein oder zwei Wochen früher erledigt werden.

Überwinterung: Bergahornbonsai sind nicht ganz so robust, wie sich das anhört. Sie können nicht frei exponiert überwintert werden, sondern müssen unter Folie oder Glas kommen. Ein kalter Raum mit etwas feuchter Luft ist auch geeignet.

Drahten: Drahten von Bergahorn ist nicht ganz einfach, denn er hat eine dicke fleischige Rinde, die den Draht schnell einwachsen läßt. Gedrahtet wird im Februar oder März mit weichem Aludraht. Im Frühling und Sommer muß darauf geachtet werden, daß der Draht nicht einwächst. Wo die Gefahr besteht, kann er abgenommen werden. Im Herbst wird er vollständig abgenommen und im folgenden Frühjahr wird an den erforderlichen Ästen wieder neu gedrahtet.

Schneiden der Äste: Herausschneiden und Zurückschneiden von dicken Ästen erledigt man Ende Februar bis Ende März. Die Schnittstellen werden mit Lacbalsam oder Wundkitt versorgt. Feines filigranes Geäst kann das ganze Jahr geschnitten werden.

Formschnitt: Von Mai bis September können die feinen frischen Austriebe in Form geschnitten werden, damit eine dichte Verästelung entsteht.

Blattschnitt: Die Blätter bei Bergahorn sind relativ groß für Bonsai, deshalb ist ein Blattschnitt nötig. Allerdings darf er nicht jährlich vorgenommen werden. Alle zwei oder drei Jahre schadet es der Pflanze nicht.

Standort: Der Standort für Bergahorn muß sonnig und hell sein. Bei der Pflanze darf kein anderer Bonsai stehen, damit sie genügend Licht bekommt. Bei schattigem Standort bekommt die Pflanze sehr große Blätter und lange Blattstiele.

Umtopfen: Alle 2 bis 4 Jahre muß Bergahorn umgetopft werden. Um ein optimales Größenwachstum zu erzielen, topft man alle 2 Jahre um, große, ausgewachsene Bonsais alle 3 bis 4 Jahre. Die Zeit zum Umtopfen ist das zeitige Frühjahr von Februar bis April. Dabei werden die Wurzeln stark zurückgeschnitten. Nach dem Umtopfen müssen die Pflanzen frostfrei gestellt werden.

Stilformen: Bergahorn kann nicht für alle Stilformen verwendet werden. Bewährte Formen sind streng aufrechte oder geneigte Form, Mehrfachstämme und Besenform (Kaskadenformen sind nicht geeignet).

Birke, Betula

Birken, bei uns weit verbreitet, sind in Gärten oft als dominante Bäume anzutreffen. Mit ihrer effektvollen Rinde, dem eleganten Wuchs und den kleinen Blättern scheinen Birken ein ideales Pflanzenmaterial für Bonsais zu sein. Das stimmt nicht ganz, denn Birken werfen das ganze Jahr über Zweige ab. Beim Bonsai kann das

Birke
55 cm hoch,
15 Jahre alt,
in streng aufrechter Form
seit 12 Jahren gestaltet

größere Schäden verursachen, denn als erstes sterben die unteren Äste ab, die ja bekanntlich ein wichtiges Form- und Proportionselement bilden. Dieses Aststerben ist keine Krankheit oder Nährstoffmangel, sondern ganz natürlich für Birken und Weiden. Trotzdem sind Birken für Bonsai geeignet.

Durch Schneiden der Äste im oberen Kronenraum kann man die Wuchskraft etwas nach unten lenken, damit die tiefer liegenden Äste nicht gleich absterben.

Erde: Am ursprünglichen Standort bevorzugen Birken einen durchlässigen, lehmhaltigen Sandboden. Ähnliche Mischungen können wir auch als Bonsaierde verwenden. Als gute Erdmischung hat sich folgende Zusammensetzung bewährt: ein Viertel Sand, ein Viertel Torf und zwei Viertel Lehm. Außerdem eine Drainageschicht von mindestens 1,5 cm feinem Kies.

Düngung: Düngen kann man mit organischem Bonsaidünger in verschiedenen Formen. Vorzuziehen ist Flüssigdünger. Alle 14 Tage kann flüssig gedüngt werden. Der Erdballen darf nicht trocken gedüngt werden, damit die Pflanze nicht verbrennt.

Überwinterung: Birken sind als Bonsai nicht so winterhart wie ihre großen Kollegen im Freiland. Man muß die Äste gut vor Austrocknung schützen, indem man die Pflanze so weit wie möglich mit Laub oder Torf einfüllt und zum Schluß mit einer Folie abdeckt.

Drahten: Birken vertragen das Drahten nicht an jedem Ast. Dünne Äste im unteren Bereich dürfen nicht gedrahtet werden, da sie sehr schnell absterben können. Gedrahtet werden nur Äste, die gesund und stark im Wuchs sind. Über den Winter darf der Draht nicht an der Pflanze bleiben. Gedrahtet wird Anfang März. Ende November wird der Draht entfernt.
Schneiden der Äste: Starke Äste können bei Birken nur im Winter geschnitten werden, wenn die Pflanze in absoluter Ruhe ist. Dünne Äste können das ganze Jahr geschnitten werden. Schnittstellen müssen sofort mit Wundwachs oder Lacbalsam bestrichen werden.
Formschnitt: Birken können das ganze Jahr in Form geschnitten werden, wenn es sich um kleine Äste handelt. Stärkere Äste schneidet man im Winter.
Blattschnitt: Birken reagieren sehr unterschiedlich auf einen Blattschnitt. Teilweise kommen die neuen Blätter genauso groß wie die alten. An den unteren Stellen kommen gar keine neuen Blätter nach.
Viele Bonsaisammler, die Birkenbonsais besitzen, machen nur einen partieweisen Blattschnitt, das heißt, sie schneiden nur die Blätter ab, die zu groß sind. Die kleinen Blätter lassen sie wachsen. Die passende Jahreszeit für den Blattschnitt ist Mai und Juni.
Standort: Birken können etwas schattiert werden, damit sie keine braunen Blätter bekommen. Zu viel Schatten schadet der Pflanze, da sie große und auch weniger Blätter bekommt. Unterentwickelte Äste sterben ab.
Umtopfen: Birkenbonsais müssen alle zwei Jahre umgetopft werden, damit sich feine Austriebe entwickeln. Umgetopft wird im März mit leichtem Wurzelschnitt. Die Schalenhöhe darf nicht unter 3 cm liegen.
Wässern: Birken brauchen im Sommer sehr viel Wasser, aber keine Staunässe. Keinesfalls darf bei praller Sonne gegossen werden, damit die Blätter keine braunen Blattränder bekommen.
Stilformen: Es gibt sehr schöne Zweier- und Dreiergruppen von Birkenbonsais. Die gebräuchlichsten Formen für Birken sind aufrechte und leicht geneigte Formen. Windgepeitschte Formen eignen sich weniger, weil die Blätter sich schlecht harmonisch anpassen. Felsenpflanzungen mit Birken können recht interessant wirken. Hängende Formen sind möglich, aber oft schwierig auf Dauer zu halten.

Hainbuche, Carpinus betulus

Die besseren Buchenbonsais sind die Weiß- oder Hainbuchen, weil sie einen konischen Stammaufbau haben und dementsprechend gute Wurzelansätze. Hinzu kommt noch das feine Blattwerk nach dem Blattschnitt. Hainbuchenbonsais gestaltet man am besten aus Jamadori. Für Gruppenpflanzungen verwendet man Baumschulpflanzen, die für Hecken vorgesehen sind. Bei der Auswahl nimmt man verschiedene Größen, damit sich ein harmonisches Wäldchen aufbauen läßt.
Erde: Alte Hainbuchen, die frisch ausgegraben sind, brauchen einen mageren, durchlässigen Lehm, am besten Japanlehm (Akadama, mittlere Körnung 3–5 mm). Am natürlichen Standort bevorzugen Hainbuchen einen humosen Boden, wachsen aber auch auf spröden Felsböden mit einer dünnen Humusdecke. Für durchwurzelte Buchen, die noch etwas Größenwachstum bringen sollen, nimmt man eine Lehm-Humus-Mischung. Für alte Weißbuchenbonsais nimmt man Akadamalehm, in der Körnung 1,5–2,00 cm.
Düngung: Die beste Düngung für Hainbuchen nützt nichts, wenn die Erde die falsche Zusammenstellung hat. Eine krümelige Lehmerde wie Akadama bildet die richtige Grundlage. Gedüngt wird mit Pulverdünger, der sich gut entfalten kann, aber auch andere Bonsaidünger können eingesetzt werden. Wenn Weißbuchen das Laub abwerfen, müssen die letzten Düngereste entfernt werden, damit sich die Winterknospen nicht zu stark entwickeln.
Überwinterung: Hainbuchen brauchen zur Überwinterung keinen besonderen Schutz. Größere Pflanzen müssen einge-

Hainbuche mit besonders schönem Stammansatz. Höhe 70 cm, aus einem Findling seit etwa 8 Jahren gestaltet, etwa 45 Jahre alt

graben werden bis zu den ersten Ästen. Kleinere Pflanzen bringt man am besten ins Gewächshaus oder unter Folie. Sehr wichtig ist, daß man die Pflanzen nicht tropfnaß einwintert. Die Folge wäre Wurzelfäule, und die Pflanze überlebt nicht.

Drahten: Weißbuchen können zeitweise gedrahtet werden. Der Draht darf aber nicht zu lange an der Pflanze bleiben, denn er hinterläßt lange Jahre spiralförmige Spuren in der Rinde. Es genügt, wenn im Winter gedrahtet wird und im Juni, wenn der Draht langsam einwächst, sofort wieder entdrahtet wird. Nach dieser kurzen Zeit verbleiben die entdrahteten Äste in Form. Sollten sich einzelne Äste doch noch verformen, muß im folgenden Winter wieder neu gedrahtet werden.

Blattschnitt bei einer Hainbuche Foto Seite 23

Schneiden der Äste: Hainbuchen werden wie alle Laubgehölze von Februar bis Ende April geschnitten. Schnittstellen von mehr als 6 mm werden mit einer Knospenzange hohl ausgeschnitten und mit Baumwachs bestrichen. Dünne Äste können das ganze Jahr geschnitten werden.

Formschnitt: Um Buchen eine schöne Form zu geben, müssen die Astflächen harmonisch abgestimmt und versetzt ineinander ausgeformt werden. Um solch eine Form zu halten, ist es notwendig, im Sommer mehrmals nachzuschneiden.

Blattschnitt: Bei Hainbuchen können die Blätter jährlich im Juni geschnitten werden, ohne daß es der Pflanze schadet.

Standort: Hainbuchen sind sehr anpassungsfähig und vertragen einen schattigen

sowie auch sonnigen Standort. Stehen Hainbuchen in praller Sonne, wächst der Pflanze ein dichtes üppiges Blätterdach. Im Schatten strecken sich die Blätter der Hainbuche nach dem Licht und wirken dadurch nicht so harmonisch.
Der Standort von Hainbuchen muß etwas erhöht sein, damit Kleintiere die Pflanze nicht so schnell erreichen. Dies betrifft hauptsächlich Schnecken, Ameisen und Raupen, die Schäden an den Pflanzen anrichten können.
Umtopfen und Ausgraben: Hainbuchen können je nach Alter und Größe alle 2 bis 4 Jahre umgetopft werden. Die Zeit zum Umtopfen ist Anfang April bis Anfang Mai. Jamadori können von März an, wenn der Boden aufgetaut ist, ausgegraben werden.
Stilformen: Fast alle Stilformen kann man bei Hainbuchen gestalten. Nur zu kleine Bonsais sind nicht zu empfehlen, da sie selbst mit Blattschnitt immer noch zu große Blätter haben. Extreme Formen wie windgepeitschte Kaskaden- und Felsenformen kann man gestalten, doch kommen sie nicht so richtig zur Geltung. Aufrechte, wuchtige Formen sind wirksamer und entsprechen mehr den natürlichen Vorbildern in der Natur.
Wässern: Das richtige Gießwasser für Buchen ist abgestandenes Regen- oder Leitungswasser. Hainbuchen vertragen etwas mehr Feuchtigkeit als Rotbuchen, aber Staunässe schadet dem Wurzelklima. Eine gute Erde ist für Hainbuchen notwendig, damit keine dauerhafte Staunässe entsteht.

Rotbuche, Fagus sylvatica

Wer bei uns eine Bonsaiausstellung besucht, wird dort immer Buchen sehen. Da Buchen gerne als große, ausdrucksstarke Bonsais gestaltet werden, bestimmen sie oft das Bild der Ausstellung.
Um die Rot- von der Weißbuche zu unterscheiden, betrachtet man den Unterschied der Stämme. Die Rotbuche behält im Alter ihre glatte, blaugraue Rinde. Die Weißbuche hat im Alter eine leicht rissige, olivgraue Rinde. Beim Aufschneiden des Holzes der Weißbuche behält das Holz die helle Farbe. Das Holz der Rotbuche verfärbt sich rötlich. Die Blätter der Rotbuche sind leicht gewellt, dunkel und glatt mit hellen Blattnerven, die der Weißbuche sind hellgrün, gezähnt mit deutlichen Blattnerven.
Erde: In der Natur findet man Rotbuchen auf einem lehmigen, humosen Boden. Für Bonsais verwendet man reinen Japanlehm, denn dieser ist wasserdurchlässig, verdichtet selbst nach Jahren nicht und läßt keine Staunässe entstehen, die Rotbuchen gar nicht vertragen.
Düngen: Düngen kann man mit herkömmlichem Bonsaidünger von Mai bis August in Abständen von 4 Wochen. Oft sind Buchenbonsais sehr groß und müssen sorgfältig mit Dünger versorgt werden. Dazu verwendet man einen 1,5 cm starken Stift und bohrt 5 cm tiefe Löcher in die Erde im Abstand von 15 cm und füllt sie mit Pulverdünger bis zum Rand. 4 Wochen später bohrt man 5 cm neben den alten Bohrlöchern neue und füllt sie abermals mit Dünger. So wird die Pflanze gleichmäßig mit Nährstoffen versorgt.
Überwinterung: Rotbuchen sind relativ winterharte Gehölze. Sie vertragen aber die Überwinterung in flachen Schalen nicht, da sich im Winter über längere Zeit hinweg Regen und Schneenässe auf den Schalenböden sammelt und die unteren Wurzeln faulen läßt. Besser ist es, wenn Buchen unter Folie überwintert werden. Dadurch hat man eine mäßig feuchte Erde und die Wurzeln werden gut belüftet. Das Resultat ist eine nach dem Winter gesunde Pflanze.
Drahten: Rotbuchen reagieren sofort, wenn nicht fachmännisch gedrahtet wird. Das heißt, der Draht darf nicht einmal schwach einwachsen. Selbst ein schwach eingewachsener Draht hinterläßt Narben und Spuren, die Jahrzehnte sichtbar bleiben. Gedrahtet wird im Oktober und entdrahtet wird Anfang bis Ende Juni. Wenn nötig, wird im Oktober nachgedrahtet. In dieser kurzen Zeit kann der Draht nicht einwachsen.

Rotbuche
Foto Seite 78 und 79 und Titelbild

Rotbuche

Rechts: Die gleiche Buche im Austrieb

Schneiden der Äste: Den Grundschnitt bei Rotbuchen kann man nur im Frühjahr oder Winter durchführen, wenn die Pflanze noch nicht im Saft steht. Neuaustriebe werden in der Regel bis auf ein Drittel zurückgeschnitten. Bei frisch ausgegrabenen Jamadori, die sehr stark zurückgeschnitten werden, entstehen oft pfennig-große Schnittstellen. Diese müssen mit einer Knospenzange ausgehöhlt und mit Baumwachs bestrichen werden. Jungtriebe, die im Sommer nachwachsen, können sofort in Form geschnitten werden.

Blattschnitt: Größenreduzierung der Blätter bei Rotbuchen funktioniert nicht. Schneidet man alle Blätter ab, wachsen sie

im selben Jahr nicht mehr nach. Man sucht deshalb Buchen mit kleinen Blättern aus, oder wählt ein großes Pflanzenformat, bei dem die Proportionen stimmen.

Standort: Rotbuchen bevorzugen einen kühlen, schattigen Standort mit hoher Luftfeuchtigkeit, vertragen aber auch einen sonnigen Platz. Dann reagieren sie aber mit heller Blattfarbe, was eigentlich kein Nachteil ist. Wenn man Rotbuchen sonnig plaziert, müssen sie eine dichte Baumkrone haben, die viel Schatten auf die Schale wirft und den Wurzelballen kühl hält.

Umtopfen: Rotbuchen werden alle 3 bis 4 Jahre umgetopft, jeweils von März bis Ende April. Die Schalenhöhe darf nicht unter 3 cm betragen. Das Schalenmaterial kann glasierter Ton sein, der farbgleich mit der Baumrinde ist. Wichtig beim Umtopfen von Rotbuchen ist, daß genügend Drainagekies auf den Schalenboden aufgebracht wird, damit die unteren Wurzeln nicht faulen, denn Rotbuchen vertragen keine Staunässe.

Wässern: Rotbuchen benötigen leicht feuchte Erde, die genügend Sauerstoff im Wurzelballen hält. Zu nasse Erde läßt die Wurzeln regelrecht ersticken. Von Mai bis Juni vertragen Rotbuchen etwas Nässe, weil die Pflanzen im Wachsen sind und die Nässe schnell verwerten können.

Stilformen: Rotbuchenbonsais kommen am besten als wuchtige Form zur Geltung, aber auch Gruppen mit fünf oder mehr Bäumen können wirksam arrangiert werden. Sehr gut kommen Doppel- und Dreierstämme zur Geltung. Bizarre Formen sind etwas seltener zu finden, sind aber ab und zu auf Ausstellungen zu sehen. Geneigte Formen sowie windgepeitschte und Halbkaskaden sind geeignet. Kaskaden sind nicht zu empfehlen, da die Aststufen keine schöne Blattstruktur bilden, es sei denn, es ist eine riesige Pflanze.

Ulmen, Ulmus

Ulmen sind für die Bonsaizucht sehr gut geeignet. Es sind in erster Linie strenge, aufrechte Formen, die in der laublosen Zeit filigran und dekorativ wirken. Als Grundmaterial verwendet man Baumschulware aus einer Bonsaibaumschule. Eine Reihe kleinblättriger Ulmenarten stehen dem Bonsaigestalter zur Verfügung. Jamadori aus der Natur haben oft einen nicht verbesserbaren häßlichen Wurzelansatz und müssen abgemoost werden. Eine Abmoosung an Ulmen kann in zwei Jahren schon abgeschlossen sein. Man darf sich nicht scheuen, die Abmoostechnik durchzuführen, denn während dieser Zeit entwickelt sich die Pflanze normal weiter. Bonsais aus einheimischen Ulmen sind relativ schnellwüchsige Pflanzen und haben dickere Rinden als die asiatischen Arten.

Folgende einheimischen Arten sind verwendbar: Bergulme, *Ulmus glabra*; Flatterulme, *Ulmus laevis*; Feldulme, *Ulmus minor* und die kleinblättrige Zwergulme, *Ulmus pumila*.

Für den Anfänger sind Ulmen-Jungpflanzen (Alter 4 bis 8 Jahre) besonders zu empfehlen, um sie in streng aufrechter Form oder in Besenform zu gestalten. Um das Material kennenzulernen, vergehen allerdings ein paar Jahre, denn Besenformen sind im Anfangsstadium nicht ganz einfach. In 4 bis 5 Jahren lassen sich aber schon harmonische Bonsais formen.

Erde: Eine gute Erdmischung für alle Ulmen ist eine gut verrottete Komposterde, mit Sand oder Splitt vermischt. Für große ausgewachsene Bonsais gibt man ein Drittel Lehm dazu (Akadama). Ulmen werden oft in flache Schalen gepflanzt (3 cm Ballenhöhe und weniger). Darunter brauchen sie eine gut funktionierende Drainageschicht von 1 cm. Es ist sehr wichtig, daß diese Drainage nicht verstopft und funktionslos ist. Wenn man die Pflanze mehrmals im Sommer aus der Schale nimmt, kann man die Drainage überprüfen und, wenn nötig, erneuern.

Düngen: Alle handelsüblichen organischen Dünger können verwendet werden. Um eine schöne Herbstfärbung von Gelb bis Rotorange zu erzielen, darf ab August nicht mehr gedüngt werden. Auch mit Gießwasser muß etwas gespart werden.

Zwergulme im Herbst und nach dem Laubfall

Überwinterung: Einheimische Ulmen sind winterhart. Dennoch kommt es vor, daß bei Ulmen ganze Äste erfrieren oder vertrocknen. Deshalb müssen Ulmen im Winter unter Glas oder Folie gut geschützt werden. Nach Möglichkeit wird der Ballen eingegraben und das Geäst mit nassen Moosflocken locker bestreut.

Drahten: Auch bei Ulmen kann man nicht auf Draht verzichten. Zum Drahten von Ulmen gehört aber sehr viel Fingerspitzengefühl. Ein leicht eingewachsener Draht kann jahrelang eine häßliche, spiralförmige Abzeichnung hinterlassen. Gedrahtet wird in der Regel im November kurz nach dem Laubfall. Der Draht bleibt bis zum nächsten Sommer an der Pflanze.

Wenn im Frühjahr die ersten Blätter austreiben, muß die Pflanze ständig beobachtet werden, damit kein Draht einwächst. Einwachsende Drähte müssen sofort entfernt werden. Alle anderen können im November wieder entfernt und wenn nötig neu angelegt werden.

Schneiden der Äste: Bei der Erstgestaltung von Ulmen muß oft ein Teil der groben Äste entfernt werden. Dabei entstehen Schnittstellen, die nur langsam verwachsen. Es ist deshalb nötig, die frisch gestaltete Pflanze in einen übergroßen Topf zu pflanzen, um ein schnelleres Wachstum zu erzielen. So verwachsen auch Schnittstellen schneller. Die Gestaltung durch Schneiden nimmt man von März bis Ende April vor. Ein Auslichten der Krone wiederholt sich jährlich von Januar bis April. Um den Kronenumriß in Form zu halten, schneidet man den ganzen Sommer die Pflanze in Form. Müssen sehr starke Äste abgesägt werden, muß die Sägestelle mit einer Knospenzange vertieft und mit Wundwachs versorgt werden, damit sich keine Bakterien in der offenen Wunde bilden.

Blattschnitt: Einen jährlichen Blattschnitt vertragen Ulmen zwar ohne Schaden, es ist aber sinnvoll, einen Blattschnitt nur alle zwei bis drei Jahre vorzunehmen. Ein dichtes Astwerk entwickeln Ulmen auch ohne Blattschnitt.

Standort: Ulmen vertragen sonnige und schattige Standorte. Nur die Gießwassermenge muß dem Standort angepaßt werden, denn im Schatten brauchen Ulmen wesentlich weniger Feuchtigkeit als in praller Sonne. Ein sonniger Standort ist aber vorteilhafter, denn die frischen Triebe wachsen etwas kompakter und erreichen so die gewünschte Dichte.

Umtopfen und ausgraben: Die Entscheidung, Jamadori-Ulmen aus der Natur oder Baumschulware zu verwenden, ist Sache des Geschmacks. Wer strenge aufrechte Formen liebt, verwendet Baumschulware,

Die Zwergulme von Seite 81
38 cm hoch
etwa 10 Jahre alt, gestaltet seit 6 Jahren

die gerade gewachsen ist. Allerdings müssen auch Baumschulpflanzen abgemoost werden, damit sich ein sternförmiger Wurzelansatz bildet.
Wer geneigte und unregelmäßig gewachsene Formen liebt, kann Rohpflanzen aus der Natur verwenden. Ausgraben und umpflanzen kann man Ulmen in der Zeit von März bis Ende April mit starkem Wurzelschnitt. Von September bis Oktober kann mit leichtem Wurzelschnitt umgetopft werden.
Stilformen: Ulmen gestaltet man in der Regel streng aufrecht und in Besenform. Auch geneigte Form und Doppelstamm sind möglich. Nicht zu empfehlen sind Kaskadenformen und auf Felsen gepflanzte Ulmen. Auf Alterungstechniken wie Jin und Shari sollte man verzichten.
Wässern: Ulmen benötigen den ganzen Sommer, von Mai bis Oktober, regelmäßig Wasser. Nach dem Blattschnitt im Juni muß wenig gegossen werden. Von November bis März wird nicht gegossen, vorausgesetzt, der Herbst ist nicht zu trocken. Zum Wässern verwendet man abgestandenes Leitungs- oder Regenwasser.

Berberitze, Sauerdorn, Berberis vulgaris

Für kleine Bonsais sind Berberitzen ein gutes Ausgangsmaterial. Im Handel wer-

Blühende Berberitze 35 cm hoch, etwa 25 Jahre alt, aus einer Gartenpflanze seit 5 Jahren gestaltet

den verschiedene Arten angeboten, die in der Wuchshöhe unterschiedlich sind. Es gibt Sorten, die nicht höher als 50 cm wachsen, aber auch solche, die 1,80 m und höher werden. Für Bonsais sind alle sehr gut geeignet. Berberitzen lassen sich stark zurückschneiden und treiben am alten Holz gut aus. Schon in der Jugend haben Berberitzen eine alt wirkende, rauhe Rinde. Die Blätter sind sehr fein und passen in der Proportion gut zu kleinen Bonsais. Ein weiterer Vorzug ist die Blütenpracht bei relativ jungen Pflanzen. Zum Höhepunkt kommt die Pflanze im Herbst. Die Blätter werden leuchtend rot, und ein roter Fruchtbehang gibt den Pflanzen einen besonderen Reiz.

Erde: Berberitzen brauchen einen sandigen, nahrhaften Boden und eine gute Drainage. Erdmischungen aus zwei Viertel grob gewaschenem Sand, einem Viertel Akadamalehm und einem Viertel verrottetem Kompost und ähnliche Mischungen können für alle Berberitzenarten verwendet werden.

Düngung: Berberitzen benötigen keinen besonderen Bonsaidünger. Organische Bonsaidünger in allen Formen können verwendet werden. Um Blüte und Frucht zu erhalten, beginnt man erst nach dem Blattaustrieb mit der Düngung. Gedüngt wird alle vier Wochen von Ende Mai bis Ende August.

Schnitt: Ähnlich wie bei anderen Laubgehölzen werden Berberitzen Schritt für Schritt über drei Jahre zurückgeschnitten. Baumschulmaterial von 1 m Höhe und mehr schneidet man auf 10–15 cm zurück, so daß nur ein Stamm mit zwei bis drei Ästen übrig bleibt. Nach ein paar Wochen treibt der Rohling überall neu aus. Man läßt die Triebe gut durchtreiben und die passenden Neutriebe stehen. Störende Triebe schneidet man heraus. In ein paar Jahren hat man eine schöne Krone, die sich schnell zu einem buschigen Bonsai auswächst.

Berberitze in Herbstfärbung **Foto Seite 40**

Überwinterung: Die Überwinterung erfolgt unter Folie. Vorher müssen die Pflanzen aus der Schale genommen und überprüft werden, daß der Ballen nicht zu naß ist. Dauernässe über den Winter schadet und führt nicht selten zum Eingehen der Pflanze.

Drahten: Das Drahten von Berberitzen ist kein Vergnügen, denn sehr harte scharfe Dornen bohren sich tief in die Haut und machen die Arbeit nicht leicht. Gedrahtet werden nur die frischen Triebe im Sommer. Einjährige und ältere Triebe lassen sich kaum biegen und werden nicht gedrahtet. Alte Berberitzen haben ein sehr hartes Holz. Sie brechen wie Glas und lassen sich nicht biegen.

Schneiden der Äste: Im zeitigen Frühjahr werden alle unpassenden Äste geschnitten. Die leuchtend gelben Schnittstellen werden nach ein paar Wochen so grau wie die Rinde und müssen nicht unbedingt mit Baumwachs bestrichen werden. Im Laufe des Sommers bilden sich sehr viele Jungtriebe am alten Holz, die man mit den Fingernägeln abschabt. Neue Langtriebe, die senkrecht nach oben wachsen, drahtet man locker, bringt sie in die Waagrechte und schneidet sie in der richtigen Länge ab.

Standort: Berberitzen bevorzugen schattige wie sonnige Standorte. Aber im Schatten erreichen die Pflanzen nicht die richtige kompakte Blattdichte, daher ist es empfehlenswert, die Pflanzen sonnig aufzustellen.

Umtopfen und Ausgraben: Von Februar bis Mitte April kann man Berberitzen ausgraben und einen starken Wurzelschnitt vornehmen. Umtopfen kann man von März bis Anfang Mai.

Stilformen: Fast alle Stilformen lassen sich mit Berberitzen gestalten. Nur Formen, die gespalten und anschließend ausgefräst werden, eignen sich nicht, dafür ist das Holz zu splittrig.

Wässern: Berberitzen brauchen von April bis September viel Wasser, vertragen aber keine Staunässe. Von September bis April ist darauf zu achten, daß der Ballen nicht ständig naß ist, denn in dieser Zeit vertragen sie keine Dauernässe. Die Wasserqualität spielt keine große Rolle, man kann Leitungswasser verwenden.

Weißdorn, Crataegus laevigata

Dieses buschartige Gehölz wird gerne als undurchdringliche Dornenhecke zur Grundstückseinfassung und als Windschutzhecke gepflanzt. Weißdorn-Bonsais sind bei uns noch relativ selten, werden aber immer beliebter. Weißdorn besitzt gute Bonsaieigenschaften, denn er hat kleine Blätter. Schon in der Jugend hat er eine leicht rissige Rinde und eine dichte Verästelung, und ältere Exemplare tragen Blüten und Fruchtschmuck. In der Natur wächst der Weißdorn in den ersten Standjahren recht mager (Stämmchen fingerdick und 150–200 cm hoch). Solches Material erscheint zunächst ungeeignet, ist es aber nicht, wenn man systematisch vorgeht. Man schneidet die Pflanze knapp über dem Boden ab und wartet 1 bis 2 Jahre. Anschließend gräbt man die Pflanze aus und pflanzt sie in einen großen Topf. Dort bleibt die Pflanze etwa 3 bis 4 Jahre, bis sie schön dicht ist und einem Bäumchen ähnelt. Danach kann in eine passende Schale gepflanzt werden.

Erde: Am natürlichen Standort wächst Weißdorn auf lehmhaltigem, oft dichtem Boden, was aber für Bonsais nicht übernommen werden kann. Für einen Bonsai muß die Erde locker sein. (Bonsaierde in einer Mischung aus Lehm und Kalksplitt zu gleichen Teilen.) Eine Drainageschicht von 1 cm reicht aus.

Düngung: Mit organischem Flüssigdünger von April bis August. Fester organischer Dünger in Form von Kugeln kann von April bis Juli aufgelegt werden. In Abständen von 4 Wochen kann auch mit Hornmehl gedüngt werden. Dieses kann zwischen Erdballen und Drainageschicht im Frühjahr gleichmäßig aufgestreut werden. Dazu muß jährlich die Drainageschicht erneuert werden.

Überwinterung: Weißdorn ist gut winterhart, muß trotzdem geschützt überwintert werden, in lockerer Erde oder Laub bis zu den Ästen eingegraben. Große Pflanzen werden unter Folie oder Glas überwintert. Es genügt, wenn von Dezember bis Ende

Februar eingewintert wird. In rauhen Lagen muß die Überwinterung etwas verlängert werden.

Drahten: Weißdornbonsais werden im November mit verkupfertem oder papierumwickeltem Aluminiumdraht gedrahtet. Der Draht bleibt bis zum folgenden Sommer an der Pflanze. Die eingedrahteten Pflanzen müssen von Mai bis September überprüft werden, daß kein Draht einwächst. Ist das einmal der Fall, muß der betreffende Ast sofort entdrahtet werden. Stämme sollen beim Weißdorn nach Möglichkeit nicht gedrahtet werden, weil spiralförmige Druckstellen sehr lange sichtbar bleiben.

Schneiden der Äste: Feine Äste schneidet man mit der schmalen Astschere. Stärkere Äste mit der Konkavzange. Geschnitten werden die Äste das ganze Jahr über, jeweils bei Bedarf. Größere Schnittwunden werden mit Wundkitt abgedichtet. Um ein dichtes Kronenwachstum zu erreichen, werden die Sommertriebe von Juni bis Juli formbündig abgeschnitten. Um die Krone eines Weißdorns richtig auszuformen, werden alle feinen Äste abgeschnitten, so daß ein sehr lichtes Geäst entsteht, das aber einen harmonischen Aufbau haben muß und nach ein paar Jahren eine üppige Krone bildet.

Blattschnitt: Um einen Weißdornbonsai ausstellungsfähig oder für die Kamera herzurichten, ist es notwendig, drei Jahre hintereinander bis zur Ausstellung einen Blattschnitt vorzunehmen. Danach muß der Pflanze für ein paar Jahre eine Pause gegönnt werden, denn Weißdornbonsais

Weißdorn
18 cm hoch,
seit etwa 5 Jahren gestaltet

Die gleiche Pflanze
wie Seite 85
2 Jahre später

können nicht jahrelang dazu gezwungen werden, die Reserveblätter förmlich herauszupressen.

Standort: Die natürlichen Standorte von Weißdorn sind halbschattige aber lichte Mischwälder, Waldränder und Feldhecken, also Standorte, an denen sie viel Licht ausgesetzt sind. Als Bonsai muß Weißdorn aber von Mai bis August schattiert werden. Das hat folgende Vorteile: Das Laub bleibt den ganzen Sommer über grün und wird nicht fleckig. Im folgenden Herbst beschert uns die Pflanze eine schöne Herbstfärbung.

Umtopfen und Ausgraben: Im zeitigen Frühjahr, wenn das Erdreich frostfrei ist, kann man alte und junge Jamadori ausgraben. Weißdornsämlinge finden sich zahlreich an Waldrändern. Diese vertragen schon einen kräftigen Wurzelschnitt. Wenn sich die ersten Blättchen zeigen, darf nicht mehr ausgegraben werden. Anders verhält sich das bei kultivierten Pflanzen. Diese können noch während des Austriebs mit leichtem Wurzelschnitt umgetopft werden. Dies hat den Vorteil, daß die austreibenden Triebe nicht so lang auswachsen.

Stilformen: Es gibt noch nicht allzuviele gestaltete Weißdornbonsais. Mit den möglichen Stilformen liegt deshalb noch keine ausreichende Erfahrung vor. Es ist vorstellbar, daß eine lockere aufrechte Form mit leicht gewelltem Stamm gut aussieht. Möglich sind natürlich auch bizarre und skurrile Formen, sowie Kaskaden, windgepeitschte, auf Felsen gepflanzte Formen oder solche mit herausgearbeiteten Wurzeln. Jin- und Chari-Techniken lassen sich schlecht realisieren, da sich schnell Fäulnis im Stamm bildet.

Wässern: Der Weißdorn ist gegenüber Gießwasser anspruchslos. Selbst kalkhaltiges Wasser macht keine Probleme, außer daß kalkiges Wasser die Bonsaischale und den Stammansatz verkrustet. Zu große Wassermengen bewirken, daß die Blätter sich häßlich verfärben, also sollte man nicht zu viel gießen. Vorübergehende Staunässe schadet den Pflanzen aber nicht.

Kastanie, Aesculus hippocastanum

Wer hatte nicht schon als Kind Freude an den braunen Früchten. Sie keimen sehr schön, wenn man sie im Winter aussät und das Saatgefäß in die Wohnung stellt. Als Bonsai sind Kastanien allerdings nicht so beliebt wegen der schlechten Proportionen. Die Blätter sind zu groß, die einjährigen Triebknospen sind zu dick, und die Aststruktur ist nicht filigran genug. Aber das heißt nicht, daß man aus Kastanien keinen Bonsai gestalten kann. Man muß nur einiges beachten:

1. Die Größe des fertig gestalteten Bonsai muß stimmen; er darf nicht unter 1 m breit

und hoch sein. Kastanien ergeben also sehr große Bonsais, die sehr dominant und dekorativ im Garten oder am Eingang wirken.

2. Als Jungpflanzen verwendet man Sämlinge (dreijährig nicht über 30 cm Höhe). Die erste Astvergabelung darf nicht höher als 20 cm vom Boden sein. Der jährliche Austrieb darf nicht mehr und auch nicht weniger als 5–7 cm betragen. Um einen Bonsai von 1 m Höhe zu erreichen, dauert es etwa 12 bis 15 Jahre.

3. Eine klare, einfache Form ist wichtig, beispielsweise eine freie aufrechte Form. Als Stammform ist ein klarer Einzel-, Doppel- oder Dreierstamm angebracht. Ein besonderer Effekt ist eine blühende und früchtetragende Kastanie. Nach etwa 10 bis 14 Standjahren beginnen Kastanien zu blühen. Dabei dürfen die im Vorjahr angelegten Blütenknospen nicht abgeschnitten werden.

Erde: Eine grobe, gut durchlässige Komposterde ist für junge Kastanienbonsais am besten. Für ältere Kastanien, die ihre Größe erreicht haben, kann man grobe Akadamaerde 1:1 zumischen. Kastanien brauchen in der Jugend sehr viel Erde. Es ist also vorteilhaft, wenn man in große Kunststoffbottiche pflanzt und die Erde alle zwei Jahre wechselt.

Düngung: Als Erstdüngung im Frühjahr düngt man mit Flüssigdünger. In den folgenden Monaten verwendet man organischen Pulver- oder Kugeldünger (auf Töpfe von 40 × 60 cm 10 Teelöffel alle 6 Wochen). Im September müssen Düngereste abgeschabt werden.

Überwinterung: Werden Kastanien in kleinen Töpfen gezogen, sind sie im Wurzelbereich etwas frostempfindlich. In übergroßen Anzuchtschalen, wie es bei Kastanien üblich ist, sind die Wurzeln nicht so frostempfindlich. Die Überwinterung von Kastanienbonsais findet unter Folie statt. Zusätzlich müssen Kastanien noch etwas eingesenkt werden.

Drahten: Solange Äste noch biegsam sind, können sie mit Draht umwickelt und dementsprechend reguliert werden. Bei Kastanien muß vor allem im Astgabelbereich gebogen werden. Hier benutzt man Drahtklammern und Spreizkeile. Die passende Jahreszeit zum Drahten ist, solange die Pflanze nicht im Laub steht. Anschließend muß die Pflanze regelmäßig beobachtet werden, damit der Draht nicht einwächst. An bedrohten Stellen muß er sofort durchtrennt werden.

Schneiden der Äste: Von Januar bis März können Kastanien geschnitten werden. Dazu werden alle starken Mitteltriebe herausgebrochen oder durchtrennt, damit schlafende Knospen zum Wachsen angeregt werden. Sommertriebe, die zu weit austreiben, können mit den Fingernägeln ausgeknipst werden.

Blattschnitt: Mitte Juni kann bei Kastanien ein Blattschnitt vorgenommen werden. Allerdings werden einzelne Blätter wieder übergroß werden. Diese kann man halb abschneiden, so daß sie mit dem übrigen Blattwerk harmonieren. Von einem jährlichen Blattschnitt ist abzuraten, aber etwa alle 2 bis 3 Jahre schadet er der Pflanze nicht.

Standort: Im Sommer werden Kastanien in voller Sonne aufgestellt, damit sie ein kompaktes Blätterdach bekommen. Im Spätsommer mit feuchten Nächten und heißen Tagen führt das zu Blattverbrennungen. Die Blätter werden braun und rostfleckig und sehen häßlich aus und im folgenden Herbst hat man eine unansehnliche Herbstfärbung. Abhilfe kann man schaffen, indem man die Pflanze in der heißen Mittagszeit schattiert und nach ein paar Stunden wieder frei stellt. Zu viel Schatten läßt Kastanien zu locker wachsen, was bekanntlich für einen Bonsai nicht schön ist.

Umtopfen und ausgraben: Bei Kastanien ist nichts besonderes zu beachten. Ältere Jamadori sollten im zeitigen Frühjahr ausgegraben werden, wenn der Boden nicht mehr gefroren ist. Das Ausgraben im Herbst ist nicht zu empfehlen, da es im Winter zu Wurzelfäulnis kommen kann. Umtopfen kann man im Frühjahr und im Herbst (von Februar bis April und von September bis November mit sanftem Wurzelschnitt).

Eiche vor dem Laubfall 60 cm hoch, 35–40 Jahre alt, gestaltet seit etwa 7 Jahren; im Besitz von Udo Fischer

Stilformen: Nur wenige Stilformen sind für Kastanien möglich, weil man Kastanien nicht biegen und winden kann wie eine Kiefer oder einen Wacholder. Es lassen sich keine enggewundenen Formen gestalten. Aber es gibt viele Möglichkeiten für aufrechte und streng aufrechte Formen sowie die Besenform, die sehr empfehlenswert ist. Doppel- oder Dreifachstamm aus einer Wurzel ist dagegen etwas schwierig. Die streng aufrechte Form ist leicht überschaubar und auch für den Anfänger zu empfehlen. Leicht geneigte Formen sind eher für erfahrene Gestalter.

Wässern: Reichlich Wasser brauchen Kastanien von Mai bis August. Am besten Brunnen- oder Regenwasser. Beim Gießen darf auf keinen Fall über die Blätter gegossen werden, sonst entstehen häßliche braune Brandflecken. Im Sommer darf nur morgens und abends gegossen werden, im Mai und September auch tagsüber.

Eichen, Quercus

Als Bonsai haben sich Eichen schon lange bewährt. Eichenbonsais sind allerdings nicht jedermanns Sache, denn die Blätter sind groß und die Äste und der Stamm lassen sich nicht so ohne weiteres harmonisch formen. Eichen brauchen deshalb eine Mindestgröße von 70 cm, damit die Blätter etwas zierlicher erscheinen und das Gesamtkonzept harmonisch wirkt. Eichenbonsais zieht man nicht aus Samen, sondern aus Findlingen.

Folgende Arten kommen bei uns vor: Stieleiche, *Quercus robur*; Traubeneiche, *Quercus petraea*; Flaumeiche, *Quercus pubescens*; Zerreiche, *Quercus cerris*.

Erde: In der Natur bevorzugen Eichen einen mittelschweren, lehmigen Boden mit wenig Humusgehalt. Für Bonsais verwendet man nahrhaften, durchlässigen Lehm mit Komposterde vermischt. Eichenbonsais, die in der Wachstumsphase sind, erhalten eine Erde aus 2 Teilen Akadamalehm und einem Teil verrotteter Lauberde. Ausgewachsene Eichenbonsais erhalten eine Mischung von 9 Teilen Akadamalehm und einem Teil verrottetem Kompost. Sehr wichtig ist eine hohe Schale von mindestens 8 cm Innenhöhe, denn Eichen treiben gerne senkrechte Pfahlwurzeln und vertragen deshalb keine flachen Schalen. Als Drainage genügt eine dünne Schicht grober Flußsand (Körnung 2–4 mm).

Düngen: Ausgewachsene Eichen brauchen wenig oder fast keinen Dünger. Kräftiges Düngen verursacht sehr große, häßliche Blätter, die auch bei sehr großen Bonsais unansehnlich aussehen. Jüngere Pflanzen düngt man mit organischem Dünger wie üblich, alle 4 Wochen von April bis Ende August.

Überwinterung: Eichenbonsais sind im Wurzelbereich etwas frostempfindlich. Um Eichen sicher zu überwintern, ist es ratsam, sie bis ins Astwerk mit Laub einzustreuen. Ein Abdecken mit Folie oder Glas ist dann nicht mehr nötig.

Drahten: Drahten wird man am besten im Herbst, wenn die Blätter gefallen sind. Danach verbleibt der Draht etwa zwei Jahre an der Pflanze. An Stellen, an denen der Draht einwächst, wird sofort entdrahtet und bei Bedarf neu nachgedrahtet. Als Drahtmaterial verwendet man harten Kupferdraht, Aludraht oder weichen Eisendraht.

Schneiden der Äste: Von Januar bis Ende März werden starke Äste geschnitten. Frische Triebe können nach Bedarf den ganzen Sommer geschnitten werden. Schnittwunden müssen unbedingt mit Wundwachs versorgt werden, da offene Wunden bei Eichen sehr schnell faulen können.

Formschnitt: Um Eichen schön in Form zu bringen, müssen sie den ganzen Sommer geschnitten werden. Das heißt, daß die frischen Triebe alle 14 Tage in Form geschnitten werden müssen. Ein gutes Formgefühl und Erfahrung im Astaufbau sind dazu nötig.

Blattschnitt: Alle drei Jahre kann ein Blattschnitt vorgenommen werden. Dazu werden alle Blätter, auch die ganz kleinen, mit dem Stiel abgeschnitten. Die passende Zeit ist die letzte Woche im Juni. Nach drei Wochen kommen neue Blätter. Auch hier sind einige wieder zu groß. Diese werden

mit der Schere halbiert, so sieht die Pflanze etwas harmonischer aus.

Standort: Ein sonniger Standort ist für Eichen vorteilhaft. Dadurch entstehen kleinere Blätter und kürzere Blattstiele. Außerdem bekommen Eichen an einem sonnigen Standort weniger Mehltau, eine Pilzerkrankung, die an feuchten, schattigen Plätzen vor allem an Eichen auftritt.

Umtopfen und Ausgraben: Im zeitigen Frühjahr, wenn das Erdreich aufgetaut ist, können Jamadori ausgegraben werden. Bei alten, schwierigen Pflanzen muß ein Jahr vorher die Pfahlwurzel abgetrennt werden. Umgetopft wird im April bis Ende Mai oder im Oktober bis November.

Stilformen: Nicht jede Stilform ist bei Eichen möglich. Bewährte Formen sind geneigte Mehrfachstämme und frei aufrechte Besenformen, wenn die Pflanze groß genug ist. Sehr skurrile und bizarre Formen sind möglich, aber nicht zu empfehlen. Die Größe spielt bei Eichen eine sehr wichtige Rolle, denn man sollte keine Pflanzen unter 70 cm verwenden. Eichen haben sehr unharmonische Blätter, die erst ab einer bestimmten Größe weniger zur Geltung kommen.

Wässern: Eichenbonsais dürfen niemals über die Blätter gegossen werden. Bei Regen ist es empfehlenswert, die Pflanzen ins Trockene zu stellen. Feuchte Stellen verursachen im Spätsommer Mehltau auf den Blättern. Als Gießwasser verwendet man abgestandenes Leitungswasser. Kalkhaltiges Wasser wird vertragen, nur darf nicht von oben gegossen werden. Man senkt also die ganze Pflanze in ein Wassergefäß ein, damit kein Wasser an den Stammansatz kommt, denn kalkiges Wasser verursacht weiße Verkrustungen am Stammansatz. Die richtige Tageszeit zum Gießen ist im Sommer frühmorgens bis 9 Uhr, im Mai und September bis 10 Uhr.

Schwarzpappel, Populus nigra

Die Schwarzpappel, auch Zitterpappel genannt, ist eine schnellwüchsige Pflanze, wie alle anderen Weidengewächse. In großen Gefäßen entwickeln Schwarzpappeln sehr schnell starke Stämme, die der Pflanze ein wuchtiges Aussehen verleihen. Schwarzpappeln sind keine besonders schönen Bäume. Als Bonsai haben sie eine sehr wechselhafte Herbstfärbung von Gelb bis Purpurrot. Danach sind die Blätter schwarz und fallen dann ab. Die Samen der Schwarzpappeln sind sehr leicht und werden durch den Wind weit getragen, so daß sie auch in Gegenden keimen, wo der Boden nicht gerade ideal ist, zum Beispiel in Steinbrüchen, auf Müllhalden und aufgeschütteten Böschungen. Der ursprüngliche Standort für Schwarzpappeln sind feuchte Wiesen, Bachränder und Flußauen. In der Natur ist die Form oft buschförmig und sehr zerzaust, mit vielen abgestorbenen Ästen. In Baumschulen werden die Pflanzen nicht angeboten. Wer aber die Möglichkeit hat, im Freien zu sammeln, sollte sehr junges Material verwenden, das sich im Stamm noch gut biegen läßt.

Erde: Auf sauren, nassen Böden oder in dichten schweren Lehmböden gedeihen Schwarzpappeln gleichermaßen gut. Für Bonsais eignet sich Japanlehm mittlerer Körnung, für Jungbonsais eine Mischung aus 50% Torf, 30% Lehm aus einer Baustelle und 20% Splitt in der Körnung 3–5 mm. Gepflanzt werden die Jungpflanzen in übergroße Schalen oder Containertöpfe.

Düngung: Recht kräftig wollen Pappeln mit Nährstoff versorgt werden, damit sie schon in der Jugend dicke Stämme und Äste bekommen. Organischer Flüssigdünger oder Kugel- und Pulverdünger können verwendet werden. Die Menge für eine Schale von 20 × 15 cm liegt etwa bei 4 Düngekugeln oder 4 Teelöffeln Pulverdünger in Abständen von 3 Wochen von Mai bis August. Düngerreste müssen im September entfernt werden, damit die Pflanze in milden Wintern nicht austreibt.

Überwinterung: Im Winter frieren einjährige Triebe leicht ab. Schwarzpappeln brauchen deshalb ein gut geschütztes Winterquartier, am besten unter Folie oder Glas und zusätzlich müssen sie mit Fich-

Schwarzpappel
40 cm hoch,
aus Samen gezogen,
gestaltet seit etwa
15 Jahren

tenzweigen zugedeckt werden. Für hohe Luftfeuchtigkeit ist auch im Winterbeet zu sorgen, indem man wöchentlich Wasser ins Beet gießt ohne die Pflanze anzufeuchten.

Drahten: Auch hier muß man vorsichtig vorgehen. Vor allem wenn die Pflanzen in übergroßen Gefäßen stehen. Sehr schnell wächst der Draht ein und hinterläßt jahrelang unansehnliche Narben. Vorschriftsmäßiges Drahten beginnt bei Schwarzpappeln im Oktober und endet im April. Danach muß die gedrahtete Pflanze den ganzen Sommer kontrolliert werden, daß kein Draht einwächst. Ist dies der Fall, müssen die betreffenden Stellen sofort entdrahtet werden. Ein neues Eindrahten ist aber dann nicht mehr nötig.

Schneiden der Äste: Von Februar bis April können dicke Äste geschnitten und sofort mit Wundwachs behandelt werden. Im Spätsommer oder Herbst dürfen keine Äste geschnitten werden, da sonst ganze Astpartien absterben können. Grobe Schnittstellen müssen mit einer Rundkonkav- oder Knospenzange vertieft und mit

Baumwachs bestrichen werden. Junge Äste können das ganze Jahr geschnitten werden. Auch dann werden Äste absterben, die sich aber im nächsten Jahr wieder durch Nachwuchs ergänzen.

Formschnitt: Um die Krone schön in Form zu halten, können frische Triebe während der gesamten Wachstumsperiode bündig geschnitten werden.

Blattschnitt: Ein Blattschnitt im Juni verwandelt Schwarzpappeln in ein paar Wochen in sehr üppig treibende Laubbäume. Jedoch ist von einem jährlichen Blattschnitt abzuraten, damit die Pflanzen nicht zu sehr geschwächt werden.

Standort: Von April bis Mai können Schwarzpappeln in voller Sonne stehen. Von Juni bis Ende August muß etwas schattiert werden, damit die Erde gleichmäßig kühl und feucht bleibt.

Umtopfen und Ausgraben: Von März bis Anfang Mai können ältere Jamadori ausgegraben werden. Einen starken Wurzelschnitt vertragen die Pflanzen gut. Schwarzpappelbonsais werden in der Jugend alle zwei Jahre umgetopft. Im Alter alle drei bis vier Jahre. Dabei kann der Wurzelfilz ringsum stark reduziert werden. Die Umtopfzeit für Schwarzpappeln sind die Monate Februar bis Anfang Mai und Oktober bis Anfang Dezember.

Stilformen: Von Pappeln sind kaum Bonsais bekannt, aber alle Formen sollten möglich sein, angefangen von Kaskaden bis hin zur strengen Besenform. Ganz kleine Bonsais sind aber nicht zu empfehlen, weil die Blätter relativ lange Blattstiele haben.

Wässern: Pappeln brauchen sehr viel Wasser und müssen von Juni bis August zweimal täglich mit Leitungs- oder Regenwasser gegossen werden. Von Juni an darf nach Möglichkeit das Laub nicht überbraust werden, damit die Herbstfärbung schön bunt ausfällt (gelb bis orangerot).

Lärche, Larix europaea

Die europäische Lärche, in den Alpen und Mittelgebirgen beheimatet, hat sich bei uns als Bonsai etabliert. Sehr reizvoll ist der hellgrüne Austrieb und die goldgelbe Herbstfärbung. Lärchen sind für Bonsaisammler interessant, die gerne großformatige Bonsais haben, denn Lärchen sollte man nicht klein gestalten. Als Ausgangsmaterial verwendet man Jamadori, also Findlinge aus der Natur. Von zu jungen Pflanzen ist abzuraten, da sie in kleinen Gefäßen zu langsam wachsen. Die besten Fundorte für Lärchen sind die Alpen. Auf Höhen im Bereich der Baumgrenze findet man sehr ausdrucksstarkes Pflanzenmaterial. Vorsicht ist geboten bei sehr alten Pflanzen. Anfänger neigen oft dazu, recht bizarre Pflanzen auszugraben, also Material, das sehr kompliziert und abstrakt gewachsen und daher sehr schwierig und langwierig zu gestalten ist.

Erde: Auf mageren mineralischen Böden gedeihen Lärchen gut. Ähnliche Erdmischungen muß man auch für Lärchenbonsais verwenden. Für alte und recht große Bonsais verwendet man eine Erdmischung aus gewaschenem Sand und Komposterde zu gleichen Teilen, dazu eine Drainage von mehreren cm. Die Schalen dürfen nicht weniger als 6 cm hoch sein. Mittelgroßen Lärchenbonsais gibt man eine Erdmischung aus einem Drittel Sand, einem Drittel Torf und einem Drittel Komposterde.

Düngung: Lärchenbonsais benötigen etwas mehr Nährstoffe, müssen also gut gedüngt werden. Alle organischen Bonsaidünger können verwendet werden. Gedüngt wird von Ende April bis Ende August, eine Düngegabe alle vier Wochen.

Überwinterung: Lärchen sind im Freien sehr winterhart. In der Bonsaischale fühlen sie sich im Winter nicht so wohl und sollten deshalb aus der Schale genommen und im Garten in Erde versenkt werden. Krone und Äste werden nicht zugedeckt. Wenn zu milde Winter und ständige Regenperioden zu erwarten sind, sollte der Ballen mit Folie abgedeckt werden.

Drahten: Lärchen lassen sich am besten von Februar bis April drahten. In dieser Zeit ist das alte Holz sehr weich und läßt sich dadurch gut biegen. Nach einem Jahr

wird der Draht entfernt und hartnäckige Äste werden sofort wieder neu gedrahtet.
Schneiden der Äste: Fingerdicke Äste schneidet man bei Lärchen im Winter, damit die Wunde nicht so stark nachharzt. Ein Wundverschluß ist nicht nötig. Um die einzelnen Astpartien in kompakter Form zu halten, schneidet man im Sommer die frischen Triebe ab. Im Winter, wenn die Pflanze ohne Laub ist, schneidet man die einjährigen Triebe noch etwas nach.
Blattschnitt: Lärchen haben nadelförmige Blätter, die im Frühjahr als kleine hellgrüne Büschel austreiben. Diese müssen an der Astunterseite entfernt werden, so daß sie nur seitlich und oberhalb der Äste austreiben. Lärchenbonsais brauchen einen sonnigen Standort, damit sich Astwerk und Laub dicht und kompakt entwickeln. Im Schatten gedeihen Lärchen nicht so gut. Sie entwickeln dann kein besonderes Triebwachstum.
Umtopfen und Ausgraben: Alte Jamadorilärchen, die im Hochgebirge an der Baumgrenze wachsen, gräbt man (nach Einholen einer Genehmigung) im September aus. Im Tal ist noch Sommer und der Pflanze wird ein zweites Frühjahr vorgetäuscht, was sie noch einmal zum Wurzelaustrieb bringt. Lärchenbonsais werden wie Laubgehölze im Frühjahr umgetopft und vertragen einen kräftigen Wurzelschnitt.
Stilformen: Lärchen werden als Bonsai meist in bizarren Formen gestaltet, aber alle Grundstilarten sind machbar bis auf die Besenform.
Wässern: Lärchen brauchen in der Regel nicht übermäßig viel Wasser. Im Frühjahr, während des Austriebs, muß kräftig gegossen werden. Besondere Ansprüche an die Wasserqualität stellen Lärchen nicht, daher kann auch mit Leitungswasser gegossen werden. Regen- oder Brunnenwasser ist natürlich optimal.

Kiefern, Pinus sylvestris, P. mugo, P. nigra

Kiefern-Bonsais zu gestalten erfordert etwas mehr Geschick und Erfahrung als Laubgehölze. Vor allem dauert es Jahre, bis ein bonsaiähnliches Gebilde entsteht. Für den Bonsaisammler stehen viele geeignete Arten von einheimischen Kiefern zur Verfügung.
Um das Material kennenzulernen, ist es sinnvoll, Baumschulpflanzen zu verwenden, denn Baumschulpflanzen haben einen festen, kompakten Wurzelballen. Findlinge aus der Natur haben eine dominante Pfahlwurzel, die sich nicht ohne weiteres abtrennen läßt. Es dauert Jahre, bis die Pflanze in eine Bonsaischale gepflanzt werden kann. Dagegen lassen sich Baumschulpflanzen sofort in eine großzügige Bonsaischale pflanzen. Bei der Auswahl von Kiefern ist auf einen konischen Stammansatz zu achten. Veredlungen im sichtbaren Stammbereich sind meist unverbesserbar. Man verzichtet am besten auf veredelte Kiefern.
Es gibt sehr viele Kiefernarten, die nicht veredelt sind. Kiefern haben ein sehr weiches Holz und lassen sich in allen Jahreszeiten gut formen. Selbst 2 cm starke Stämme lassen sich noch gut korrigieren. Viele Kiefern sind sehr dickrindig und sehen schon in der Jugend alt und bizarr aus,

In der Natur wachsen Kiefern in der Jugend streng aufrecht, im Alter oft knorrig und bizarr

Kiefer, aus Samen gezogen, Höhe 45 cm, 16 Jahre alt. Schale Petra Engelke

vor allem die Schwarzkiefer, *Pinus nigra*. Allerdings haben Schwarzkiefern sehr lange Nadeln. Man muß sie deshalb großformatig gestalten, damit die Proportion und Form stimmt. Eine denkbare Kiefernart ist auch *Pinus sylvestris*, die Gemeine Kiefer oder Föhre. Sie hat schon in jungen Jahren eine rauhe Rinde. Darüber hinaus ist es eine Art, die sehr robust und bei uns überall zu finden ist. Kleinnadlige Kiefern finden wir hauptsächlich in Baumschulen und Gärtnereien. Dazu gehören *Pinus mugo* und *Pinus* 'Wintergold'. Bei den kurznadeligen Kiefernarten muß man sich den Stamm etwas genauer ansehen, denn viele Sorten sind veredelt und haben dadurch einen häßlichen Stamm. Kleinwüchsige Kiefern gibt es in exotischen Farben, blaugrüne oder leuchtend gelbe Sorten (wie *Pinus* 'Wintergold'). Diese Sorte ist veredelt, aber die Veredelungsstelle ist kaum sichtbar und deshalb eignet sie sich als Bonsai gut.

Gemeine Kiefer, Föhre,
Pinus sylvestris

Pinus sylvestris, in Europa weit verbreitet, ist, wie alle Kiefern, für den Anfänger etwas schwierig zu gestalten. Trotzdem lohnt sich die Arbeit mit dieser Kiefernart, denn nach Jahren ergeben sie sehr schöne Bonsais, die den japanischen Kiefern in keiner Weise nachstehen. Gutes Gestaltungsmaterial findet man in Wald und Flur. Bei der Auswahl achtet man darauf, daß keine hohe Moos- oder Grasdecke um die Pflanze wächst, denn Pflanzen im hohen Moos haben nach unten hin einen dünnen Stamm, der auch noch recht hoch ist. Auf lockerem Fels- oder Sandboden ist das Pflanzenmaterial wesentlich besser, meist bis zum Boden beastet und mit einem kräftigen, konischen Stamm. Äste, die zu weit unten sind, können abgeschnitten oder als zweiter Stamm hochgezogen werden. Die Pflanzen können etwas höher sein als das vorgesehene Endmaß. Durch Biegen und Formen von Ästen und Stamm wird die Pflanze etwas gestaucht. *Pinus sylvestris* hat mittellange Nadeln von etwa 2–6 cm. Man sucht möglichst Exemplare mit kurzen Nadeln und kann die Nadellänge durch etwas dichteren Boden und weniger Dünger regulieren. Dies hat allerdings auch Nachteile. Die Pflanze entwikkelt sich nicht so schnell wie man es sich wünscht. Kiefernbonsaisammler müssen etwas mehr Geduld aufbringen. Um einen sehenswerten Kiefernbonsai ohne sichtbaren Draht zu gestalten, vergehen wenigstens 8 bis 10 Jahre.

Erde: Für *Pinus sylvestris* können Standardbonsaierden verwendet werden. Wichtig ist, die Erde enthält nicht zu viel Torf. Torf wirkt wie ein Schwamm und hält Wasser zu lange fest. *Pinus sylvestris* verträgt zwar etwas mehr Wasser im Ballen, aber keine Dauernässe. Bessere Erde ist Japanlehm mit einem leichten Humusanteil. Sehr wichtig ist eine gut funktionierende Drainage von ein paar cm. Deshalb sollten keine zu flachen Schalen verwendet werden (Schalenhöhe ab 5 cm).

Düngung: Kiefern kommen mit einem nährstoffarmen Boden aus und benötigen nicht viel Dünger. Dennoch ist es wichtig, Kiefern gut zu düngen, um den Austrieb am alten Holz anzuregen und die nötige Nadeldichte zu erreichen. Als Dünger eignet sich normaler Bonsaidünger in Pulver- oder Kugelform. Um die Nadellänge kurz zu halten, muß sparsam gedüngt und auch etwas weniger gegossen werden.

Überwinterung: *Pinus sylvestris* sind relativ zäh und als Bonsai leicht zu überwintern. Selbst in kalten Regionen können sie auf dem Boden offen überwintert werden. Wenn der Winter aber sehr naß ist, entsteht leicht ein Wurzelschaden. Es ist deshalb sicherer, auch Kiefern zugedeckt zu überwintern.

Drahten: *Pinus sylvestris* lassen sich das ganze Jahr über drahten und biegen. Wenn der Stamm und starke Äste gebogen werden müssen, ist die beste Zeit von Dezember bis März, wenn die Pflanze wenig Saft hat und dadurch etwas weicher ist. Werden extreme Formen vorgesehen, kann schon im ersten Jahr gedrahtet werden. Man geht wie folgt vor: Das Stämmchen wird mit einem relativ starken Draht gedrahtet und in enge Windungen und Knicke gebracht. Nach einem Jahr ist der Draht eingewachsen. Das stört bei einer so jungen Pflanze nicht. Jetzt wird die Form der Pflanze noch einmal nachgebogen. Enge Windungen und Knicke werden noch enger gebogen. Der Draht bleibt weiter an der Pflanze, bis er so stark eingewachsen ist, daß er gerade noch ohne Schaden entfernt werden kann. Bei alten *Pinus sylvestris* werden nur die Äste und die Stammspitze gedrahtet und geformt. Alte Kiefern haben ein sehr geringes Dickenwachstum, deshalb darf der Draht nur gelegentlich einwachsen. Spiralförmig eingewachsener Draht hinterläßt Spuren, die noch Jahre sichtbar sind. Bei sehr jungen Pflanzen verwachsen sich Drahtnarben innerhalb von 3 bis 5 Jahren.

Schneiden der Äste: Äste können bei Kiefern von September bis April, Ast- oder Triebspitzen das ganze Jahr über geschnitten werden. Ein leichtes Nachharzen schadet der Pflanze nicht.

Ausknipsen der Knospen: In den wenigsten Fällen werden die Knospen von *Pinus sylvestris* ausgebrochen, denn beim Ausbrechen der Triebknospen entsteht keine Knospenbildung am alten Holz. Das kann man regulieren, indem man die Knospen mit der Scherenspitze total abschneidet. Diese Verrichtung wiederholt man alle 3 bis 4 Jahre.

Bergkiefer, 25–30 cm hoch, vor 9 Jahren aus einer sechsjährigen Baumschulpflanze gezogen. Schale Petra Engelke

Siehe auch Foto Seite 31

Standort: Kiefern sind sehr lichthungrige Gehölze und verlangen auch im Winter einen hellen Standort. Junge und kleine Pflanzen können auf dem Boden plaziert werden. Mittlere und große müssen unbedingt erhöht aufgestellt werden, damit die unteren Astpartien Licht von unten bekommen, denn *Pinus sylvestris* neigen dazu, Äste im unteren Bereich bei Lichtmangel zu vernachlässigen. Von allen Seiten sollte ein Abstand von mehreren Metern zu Gebäuden, Mauern und Bäumen sein, damit die Pflanze den ganzen Tag über genügend Licht bekommt.

Umtopfen und Ausgraben: *Pinus sylvestris* haben nur wenige und sehr lange Wurzeln und müssen in der Natur mehrere Jahre mit einem Spaten umstochen werden.

Bei steinigem Untergrund schlägt man großräumig mit einer Spitzhacke die Wurzeln ab und füllt anschließend wieder mit lockerer Erde auf. Zwei Jahre später kann die Pflanze ausgegraben werden. Dies wird von September bis Oktober oder von März bis Ende April vorgenommen. Umgetopft wird von Februar bis April.

Stilformen: Alle Stilformen außer Besenform sind bei *Pinus sylvestris* möglich. Am besten wirken extreme Formen.

Wässern: *Pinus sylvestris* sind etwas anpassungsfähiger als andere Kiefernarten. Sie kommen mit wenig Gießwasser aus, vertragen aber über längere Zeit auch etwas mehr Nässe. Sinnvoll ist aber, etwas maßvoller zu gießen, das heißt, lieber etwas weniger als zuviel Wasser zu geben.

Bergkiefer, *Pinus mugo*

Bergkiefern sind ein sehr gutes Grundmaterial für Bonsais und für Miniaturlandschaften (Saikai), da Bergkiefern recht kurze Nadeln haben. Heimisch ist die Bergkiefer im gesamten Alpenraum und in Mittelgebirgen in moorigen Regionen. Als kultivierte Pflanzen gibt es eine große Zahl von Züchtungen, unter anderem sehr kurznadelige Kiefern, die sich gut für kleine Bonsais eignen. Sehr gerne werden *Pinus mugo* für Miniaturlandschaften genommen, weil sie einen kompakten Wuchs haben und nicht zu groß werden. Das passende Gestaltungsmaterial findet man im Bonsaifachgeschäft, wenn es sich um kleine Pflanzen handelt. Zieht man größere Pflanzen vor, so sucht man sich das nötige Material in der Baumschule oder im Gebirge. Oft wachsen *Pinus mugo* auf einem lockeren humusreichen Untergrund, wo sie sich leicht abheben lassen. Jamadori, die eine zu lange Basiswurzel haben, muß man über Jahre ausgraben, oder man verzichtet ganz auf solches Material. Das Gestalten mit Bergkiefern ist etwas einfacher als mit anderen Kiefernarten, weil sie kürzere Asttriebe und kleinere Nadeln haben.

Erde: Am natürlichen Standort wächst *Pinus mugo* auf sehr humosem Boden. Seine Hauptwurzeln bohren sich metertief in Felsspalten hinein. Als Bonsai braucht *Pinus mugo* sorgfältig zusammengesetzte Erde und eine gute Drainage. Als richtige Erdmischung hat sich ein Teil Lehm, ein Teil Torf und ein Teil grober Flußsand bewährt. Für kleine Pflanzen, die noch viel Zuwachs bringen sollen, gibt man etwas mehr Torf dazu, für alte Pflanzen etwas mehr Sand und Lehm. Darunter kommt eine Drainageschicht von mindestens 2 cm. Bei dieser Erdmischung muß sparsam gewässert weden. Man kann auch Japanlehm verwenden, Körnung 3–15 mm. Dann kann etwas mehr gegossen werden, da dieses Substrat sehr durchlässig ist.

Düngung: Wie die meisten Kiefern kann *Pinus mugo* mit handelsüblichem Flüssig- oder Pulverdünger gedüngt werden. Verwendet man eine magere Erde, kann etwas mehr gedüngt werden. Auf eine Schalengröße von 20 × 30 cm gibt man alle 4 Wochen 6 bis 8 gehäufte Kaffeelöffel Dünger.

Überwinterung: Bergkiefern in etwas größeren Schalen können im Freien überwintert werden. In kleinen Schalen müssen sie abgedeckt werden. Bei Überwinterung im Freien müssen die Pflanzen aber trotzdem etwas geschützt aufgestellt werden, hinter einer Mauer oder unter einem Busch.

Drahten: Wie bei allen anderen Kiefern kann das ganze Jahr über gedrahtet werden. Besser ist es aber, in der Ruheperiode der Pflanze zu drahten, denn da sind die Zweige besser zu biegen und zu knicken, ohne daß viel Harz aus den Bruchstellen läuft und die Pflanze dadurch in ihrem Wachstum gehindert wird. Bei *Pinus mugo* darf der Draht nicht einwachsen, denn diese Kiefernart hat eine relativ glatte Rinde, die erst nach Jahrzehnten rissig wird. Einen eingewachsenen Draht würde man dann sehr lange sehen. In der Regel wird mit Aluminiumdraht gedrahtet. Wer Erfahrung mit Stahldraht hat, kann ihn für *Pinus mugo* verwenden.

Schneiden der Äste: Im Winter tritt am wenigsten Harz aus der Schnittstelle und diese verwächst schneller als im Sommer. Frische Schnittstellen können mit Wundkitt verschlossen werden.

Ausknipsen der Knospen: Von September bis November werden die Knospen mit einer Pinzette ausgeknipst. Tiefliegende und versteckte Knospen bleiben stehen. Sie bilden das dichte Wachstum der einzelnen Äste im kommenden Jahr. Im März–April wird die Pflanze überprüft und unerwünschte Kospen werden ausgezupft, das sind diejenigen, die an der Nadeloberfläche sichtbar sind. Im Mai, wenn sich die versteckten Knospen zu Kerzen und Jungtrieben entwickeln, müssen sie auf das passende Maß gezupft oder geschnitten werden.

Standort: Bergkiefern brauchen das ganze Jahr über einen hellen, exponierten Standort, weit entfernt von Gebäuden, Mauern und Bäumen. Zusätzlich müssen Bergkiefern erhöht plaziert werden, damit auch die unteren Äste viel Licht bekommen. Im Winter soll möglichst hell überwintert werden, unter Glas oder heller Folie, aber vor Sonneneinstrahlung geschützt.

Umtopfen und Ausgraben: Von September bis Anfang November können Bergkiefern ausgegraben werden. Kiefern treiben in dieser Zeit neue Wurzeln. Wichtig ist, daß eine nährstoffarme Erde verwendet wird, wie Japanlehm mit grobem Flußsand vermischt oder gebranntes Tongranulat mit etwas Torf vermischt (etwa 5% Torfzugabe). Umgetopft werden Kiefern von Februar bis Anfang Mai und von Ende August bis Ende Oktober.

Stilformen: Die beliebtesten Stilformen für Bergkiefern sind dynamische Formen, bizarr und wild geneigt, windgepeitschte Kaskaden und Halbkaskaden. Streng aufrechte Formen sind seltener möglich. Besenformen sind nicht möglich.

Wässern: Von Mai bis August muß gut gegossen werden, ab September nur gelegentlich. Ab Oktober wird, je nach Wetterlage, bis April das Gießen eingestellt. Die Wasserqualität kann etwas sauer sein. Man gibt in ein 100 l Faß mit abgestandenem Leitungswasser 1 kg Torf, rührt ab und zu gut um und füllt je nach Bedarf Wasser nach.

Schwarzkiefer, *Pinus nigra*

Als Zierbaum ist die Schwarzkiefer in kleinen Gruppen in Parks und Wohngärten anzutreffen. Auf mageren, trockenen Böden ist sie in Wäldern angepflanzt. Heimat sind die Ostalpen. Manchmal werden Schwarzkiefern als Weihnachtsbäume verwendet, denn sie haben eine kräftige und saftiggrüne Benadelung. Die Borke der Schwarzkiefer ist sehr stark und wird schon in der Jugend sehr rauh und rissig. Schon kleine Bonsais sind recht ausdrucksstark und wirken durch einen rauhen Stamm und dekorative Benadelung. Wer noch nicht mit Kiefern gestaltet hat, sollte mit Schwarzkiefern beginnen. Sie haben wenig Äste, die gezielt gestaltet und gut überschaubar geformt werden können. Von der ersten Rohgestaltung bis zum ansehnlichen Bonsai vergehen etwa 5 bis 10 Jahre. In dieser Zeit müssen die Hauptäste immer wieder nachgeformt werden. Der Stamm wird in dieser Zeit recht stark. Zehnjährige Schwarzkiefern-Bonsais können bei guter Kultur einen unteren Stammdurchmesser von 5–7 cm haben.

Erde: *Pinus nigra* benötigt einen durchlässigen, mineralischen Boden und eine grobe Drainageschicht von wenigstens 3 cm. Die Schalenhöhe darf deshalb 8 cm nicht unterschreiten. Als Erdmischung eignet sich eine Mischung aus 40% Japanlehm (mittlere Körnung), 40% gebranntem Tongranulat und 20% verrotteter Komposterde.

Düngung: Fester organischer Dünger in Kugel- oder Pulverform genügt der Schwarzkiefer. Für junge Schwarzkiefern kann im Frühjahr Flüssigdünger verwendet werden, damit die Pflanze rechtzeitig über die nötigen Nährstoffe verfügt. Schwarzkiefern brauchen recht früh eine Düngegabe (Anfang April bis Ende September). Vor der Einwinterung müssen Düngereste von den Pflanzen entfernt werden.

Überwinterung: Einheimische Schwarzkiefern können in milden Regionen im Freien überwintert werden, vorausgesetzt, die Erdoberfläche der Pflanze ist mit einer Folie abgedeckt, damit sich im Winter bei Dauerregen keine Staunässe bildet. Auf diese Weise bekommen *Pinus nigra* die nötige Lichtmenge, die sie auch im Ruhezustand brauchen. In Kellerräumen oder anderen halbdunklen Räumen mit relativ hohen Temperaturen und trockener Luft dürfen Kiefern auf keinen Fall überwintert werden. Sie brauchen unbedingt ein rauhes, natürliches Klima.

Drahten: Schwarzkiefern können zwar das ganze Jahr über gedrahtet, aber nicht das ganze Jahr über extrem gebogen werden, was ja für den Stamm oft erforderlich ist. Um sehr enge Windungen zu erzielen, muß man in den Monaten Januar bis März formen. Bei Schwarzkiefern wird schon sehr früh gedrahtet (im zweiten bis dritten Standjahr). Dazu müssen die Stämmchen so dünn und so lang wie möglich sein, damit sie sich biegen und knicken lassen. Bei solchen jungen Pflanzen darf der Draht stark einwachsen. Dies bewirkt, daß sich die Windungen nicht mehr auswachsen und strecken. Es dauert ohnehin noch viele Jahre, bis solche Pflanzen als Bonsai vorgestellt werden können. Zu dieser Zeit sind dann alle Drahtspuren verwachsen.

Schneiden der Äste: Das ganze Jahr über können Äste bei *Pinus nigra* geschnitten werden. Von Mai bis Juli harzen die Wunden etwas mehr nach, dies schadet der Pflanze aber nicht.

Schwarzkiefer aus der Baumschule, 10 Jahre alt, noch im Container erste grobe Gestaltung

Ausknipsen der Knospen: Haben Rohbonsais die gewünschte Größe erreicht, (etwa 40–50 cm), so müssen jährlich Knospen und Kerzen ausgezupft werden, um kompakte Flächenpolster zu erreichen. Um ein gutes Ergebnis zu erzielen, wird es jahrelang dauern, bis man den richtigen Zeitpunkt zum Herausnehmen der Knospen oder Kerzen erkennt. Von Juli bis September werden die neuen Knospen mittels einer Pinzette herausgebrochen. Dabei bleiben tiefliegende Knospen stehen. Diese bilden ein Jahr später die erwünschte Dichte. Von April bis Mitte Mai wird der größte Teil der Kerzen ausgebrochen. Das sind diejenigen, die am höchsten an den Astpartien wachsen und die an den Außenseiten der Astpartien austreiben. Diese Verrichtung wird jährlich ausgeführt. Dadurch wird im Laufe der Jahre eine feste Struktur der einzelnen Astpartien erreicht.

Standort: Schwarzkiefern sind sehr lichthungrig und verlangen das ganze Jahr einen hellen, erhöhten Standort, frei von hohen Gebäuden und schattigen Bäumen. Sie brauchen von Sonnenaufgang bis Sonnenuntergang volles Licht, um sich schnell und gesund zu entwickeln, und dürfen nicht schattiert werden.

Umtopfen und Ausgraben: Schwarzkiefern haben in der Natur ein für die Bonsaierziehung ungeeignetes Wurzelsystem, nämlich eine Pfahlwurzel, die in den seltensten Fällen durchtrennt werden kann. Bevor man sich an die Arbeit macht und eine alte Schwarzkiefer ausgräbt, überzeugt man sich vorher, ob die Pflanze einen kompakten Wurzelballen hat. Ist dies der Fall, so gräbt man einen Graben um die Pflanze herum und trennt einzelne Wurzeln durch. Anschließend füllt man wieder Erde in den Graben und wartet 1 bis 3 Jahre, bis sich neue Wurzeln gebildet haben. Danach kann von September bis Ende Oktober und von März bis Ende April ausgegraben werden. Von März bis

Die gleiche Pflanze wie auf Seite 99 ein Jahr später, entdrahtet, geschnitten, in einer schönen Schale

Mitte April kann mit Wurzelschnitt umgetopft werden.

Stilformen: *Pinus nigra* haben ein derbes, ausdrucksstarkes Erscheinungsbild. Es sind meist bizarre Formen, die sich anbieten. Aber auch strenge, aufrechte Formen sind möglich, brauchen aber sehr lange, bis sie die nötige Reife erreicht haben. Als Anfänger gestaltet man geschwungene, geneigte oder hängende Formen. Gruppen und Wäldchen sind nicht geeignet. Zwillingsstämme dagegen sind machbar. Die Nadellänge von Schwarzkiefern beträgt etwa 8–14 cm. Beim Bonsai im Freiland sind sie noch wesentlich länger. Deshalb müssen Schwarzkiefern-Bonsais eine bestimmte Mindestgröße haben, damit die Pflanze maßstabgetreu wirkt.

Wässern: Schwarzkiefern vertragen keine Stau- oder Dauernässe, deshalb muß man die Pflanze immer wieder aus der Schale nehmen, um die Ballenfeuchtigkeit zu prüfen. Kommt es vor, daß der Ballen zu naß ist, nimmt man die Pflanze für ein paar Tage aus dem Topf. Bei langen Regenperioden sollte man Schwarzkiefern mit Folie abdecken. Gegossen wird von April bis Anfang September. Als Gießwasser kann Leitungswasser verwendet werden. In Regionen mit vielen Niederschlägen, wie in den Nordalpen oder in manchen Küstengegenden im Norden, ist es ratsam, auf *Pinus nigra* zu verzichten. In solchen Gegenden wachsen zwar Schwarzkiefern im Freiland noch ganz gut, aber als Bonsai fühlen sie sich nicht wohl.

Fichte, Picea

Fichten lassen sich sehr gut als kleine und mittlere Bonsais gestalten. Für den Anfänger sind sie nicht so gut geeignet, weil viel Detailarbeit notwendig ist, um einen naturgetreuen Bonsai herzustellen. Besonders gut eignen sich natürlich gewachsene

Rechte Seite: Nestfichte in streng aufrechter Form

Nestfichte, 20 cm hoch, 5 Jahre gestaltet

Fichten aus höheren Bergregionen, wo die Bäume ganz langsam wachsen und schöne starke Stämme entwickeln. Durch Züchtungen hat man im Laufe der Zeit auch viele Zwergformen entwickelt, die sehr dicht wachsen. Auch solche Arten bilden ein gutes Rohmaterial für die Bonsaigestaltung, weil sie langsam wachsen und meist sehr dichte Astpartien hervorbringen. Schon nach 3 bis 4 Jahren Gestaltung hat man hochwertige Bonsais. Solche Sorten sind 'Nidiformis', die Nestfichte oder 'Pumila glauca'. Zuckerhutfichten (*Pinus* 'Conica') sind weniger geeignet, da sie an den Astinnenseiten sehr schlecht austreiben. Wer doch eine Zuckerhutfichte als Bonsai gestalten möchte, sollte eine kleine Pflanze verwenden, die sich noch gut erziehen läßt.

Erde: Fichten lieben einen etwas sauren, mageren Boden und vertragen auch etwas Nässe im Wurzelraum, aber keine Staunässe. Die Erdmischung für Fichtenbonsais ist etwas anders als die übliche. Für junge Bonsais nimmt man eine Mischung aus verrotteter Lauberde, gebranntem Ton (Körnung 2–4 mm) und Japanlehm (Akadama) mittlerer Körnung zu gleichen Teilen. Für alte und große Bonsais verwendet man reinen Japanlehm (grobe Körnung) und etwas Humus.

Düngung: Fichten, die im Topf gut angewachsen sind, aber noch nicht die richtige Dichte haben, kann man mit Flüssigdünger düngen, denn er wird schneller von der Pflanze aufgenommen und sie treibt dann kräftiger aus. Nach dem Austrieb kann mit organischem Pulver- oder Kugeldünger weiter gedüngt werden, da er sich besser dosieren läßt und die Gefahr der Überdüngung geringer ist.

Überwinterung: Kleine und mittelgroße Fichtenbonsais müssen unter Folie oder im Winterbeet überwintert werden. Große Pflanzen oder Bonsais in sehr großen Schalen können frei überwintert werden, vorausgesetzt, die Pflanzen sind gesund.

Drahten: Fichten können von September bis April gedrahtet werden. Der Draht verbleibt etwa zwei Jahre an der Pflanze, danach wird er abgenommen und bei Bedarf wieder neu angelegt. An feinen Nebenästen darf der Draht einwachsen, das verhindert das Strecken der geformten Äste. Allerdings darf der Draht nicht so stark einwachsen, daß beim Entdrahten grobe Narben entstehen.

Schneiden der Äste: Der Grundschnitt von Fichtenbonsais muß während der absoluten Ruhezeit der Pflanze erfolgen; das sind die Monate Januar und Februar, eine Zeit, zu der die Pflanze am wenigsten harzt. Nur so kann ein kräftiger Neutrieb im folgenden Frühjahr erreicht werden. Fichten, die im Frühjahr oder Sommer gestaltet und geschnitten werden, zögern etwas mehr mit dem Neuaustrieb.

Formschnitt: Um Äste in Form zu halten, werden die frischen Triebe im Mai oder Juni mit einer Pinzette oder den Fingern ausgezupft. Von Juli bis September können die härteren Triebe mit der Scherenspitze nachgezwickt werden. Beim Einkürzen der Triebe dürfen die frischen Nadeln nicht durchtrennt werden, sondern man durchschneidet nur die Triebachse. So entstehen keine braunen Restnadeln.

Standort: Fichtenbonsais brauchen einen hellen Standort. Sie müssen in größeren

Abständen von Gebäuden, Mauern und Bäumen plaziert werden, damit sie im Inneren und im unteren Bereich nicht verkahlen. Nach Möglichkeit sollten Fichtenbonsais etwas erhöht aufgestellt werden, um einen günstigeren Lichteinfall von unten zu gewähren.

Umtopfen und Ausgraben: Von März bis Ende April können Fichten umgetopft werden. Der nächste Zeitpunkt ist September bis Oktober. Hier ist zu beachten, daß kein zu starker Wurzelschnitt vorgenommen wird. Fichten gräbt man im April aus, dann ist die Anwachsgarantie am größten. Alte Jamadori aus den Bergen mit kompliziertem Wurzelsystem müssen über Jahre hinaus allmählich ausgegraben werden, um zu überleben.

Stilformen: Fichtenbonsais können sehr filigran und naturgetreu gestaltet werden. Dadurch sind auch sehr viele Formen möglich. Außer der Besenform kann man fast alle Stilformen verwirklichen.

Wässern: Fichten brauchen etwas mehr Wasser als andere Nadelgehölze. Sie vertragen keine Ballentrockenheit, aber auch keine Staunässe. Die Wasserqualität spielt keine besondere Rolle. Es kann sogar Leitungswasser direkt aus der Leitung verwendet werden.

Heidewacholder im Frühling mit Blüten, 18 cm hoch, 6 Jahre gestaltet

Heidewacholder, geneigte Form, 23 cm hoch, etwa 10 Jahre gestaltet. Schale von Tokoname

Heidewacholder, Juniperus communis

An ihrem ursprünglichen Standort in Europa werden Heidewacholder immer seltener. In Deutschland wurde er in den 60er Jahren durch die Flurbereinigung zum größten Teil ausgerottet. Man findet ihn meist nur noch in Naturschutzgebieten und im gesamten Alpenbereich. Die natürliche Wuchsform ist säulen- oder buschförmig. Heidewacholder mit armdicken Stämmen sind oft 200 bis 300 Jahre alt, bei einer Höhe von 4–6 m. *Juniperus communis* läßt sich sehr schwer gestalten und in Form bringen. Deshalb kann man ihn dem Anfänger nicht empfehlen. Als Gestaltungsmaterial für Übungszwecke verwendet man Baumschulpflanzen von 50–70 cm Höhe. Jamadori, die man aus felsigem Boden ausgräbt, wachsen sehr schwer an, weil sie keine zentrale Wurzel haben. Man muß also sehr großräumig ausgraben, vor allem bei sehr alten Pflanzen. Angesichts der Gefährdung dieser Art sollte man an Naturstandorten keinesfalls Pflanzen ausgraben.

Erde: Alle Wacholder brauchen in der Regel eine mineralische Erde, die man selbst mischen kann. Brauchbare Mischungen bestehen aus grobem Flußsand, gebranntem Ziegelschutt, Lavasand, grobem

Quarzsand. Zu verwenden ist auch Japanlehm in mittlerer Körnung. Bei allen mineralischen Erden muß etwa 10–30% verrottete Komposterde beigemischt werden. Als Drainage muß ein Kiesfilter von mindestens 2 cm untergelegt werden. Die Schalenhöhe darf nicht unter 4 cm betragen. Nach Möglichkeit verwendet man unglasierte Schalen.

Düngung: Bei jungen Pflanzen kann mineralischer Dünger verwendet werden. Voraussetzung ist der sparsame Einsatz des Düngers. Naturdünger wie Rapsschrot, Hornmehl, Fischmehl sind aber die idealen Dünger. Gedüngt wird von April bis September. Organische Düngerreste können auf der Pflanzerde zurückbleiben, wenn es sich nur um kleine Reste handelt.

Überwinterung: Gesunde Heidewacholder, die in geräumige Gefäße gepflanzt sind, können in geschützten Lagen im Freien überwintert werden. Ansonsten wird von Dezember bis März unter Folie überwintert. Die Folie muß allerdings gut lichtdurchlässig sein. Es kann auch eine transparente Folie mit kleinen Luftlöchern sein.

Drahten: Wacholder werden bei der Erstgestaltung völlig eingedrahtet und bis kurz vor dem Brechen gebogen und geformt. Verwendet wird verkupferter Aluminiumdraht (1–6 mm). Gedrahtet wird das ganze Jahr über. Der Draht kann bis drei Jahre an der Pflanze bleiben. Leicht eingewachsene Drähte stören optisch nicht, da Wacholder eine leicht rauhe Rinde hat und sich die Drahtnarben in ein paar Jahren verwachsen. Besser, aber aufwendiger ist es, Rohpflanzen alle zwei Jahre zu entdrahten und anschließend neu einzudrahten. Dadurch gibt es keine Drahtnarben, die am fertigen Bonsai noch sichtbar sind.

Schneiden der Äste: Äste und Jungtriebe können bei *Juniperus communis* das ganze Jahr über geschnitten werden. Ein Wundverschluß mit Baumwachs ist nicht erforderlich, weil die Schnittstellen verharzen. Im Geäst wachsen oft sehr viele Wildtriebe. Diese müssen herausgeschnitten werden, damit ein klarer Astaufbau sichtbar wird.

Ausknipsen der Jungtriebe: Die weichen Jungtriebe werden im Mai mit den Fingerspitzen herausgezupft. Nach vier Wochen wird dieser Vorgang noch einmal wiederholt. In den folgenden Monaten treiben Heidewacholder nicht mehr so üppig aus und es bilden sich langsam geschlossene Polster. Triebe, die schon etwas verholzt sind, müssen abgeschnitten werden.

Standort: Heidewacholder brauchen viel Licht. Wer keinen geeigneten Standort besitzt, sollte auf diese Pflanze verzichten. Um die Pflanzen über Jahre hinaus gesund zu erhalten, ist es wichtig, sie von Sonnenaufgang bis Sonnenuntergang unschattiert zu stellen. Ein erhöhter Standort fördert das Wachstum innerhalb und unterhalb der Krone.

Umtopfen und ausgraben: Ende März bis Anfang April kann ausgegraben werden. Voraussetzung ist, daß das Erdreich nicht mehr gefroren ist. Umtopfen kann man schon im Januar, um die Zeit im März und April für andere Arbeiten frei zu halten. Alle Pflanzen, die im Winter umgetopft werden, müssen frostfrei überwintert werden. Heidewacholder, die im Herbst umgetopft werden, dürfen nur einen sanften Wurzelschnitt bekommen.

Stilformen: Fast alle Stilformen sind für Heidewacholder möglich. Hauptsächlich sind es dynamische Formen. Strenge Formen werden oft nach natürlichen Vorbildern gestaltet. Blank geschälte Äste und Jin-Gestaltungen sind für Heidewacholder eine interessante Ergänzung, nur dürfen diese Techniken nicht überbewertet werden, denn zu oft versucht man durch übertriebene Effekte die Pflanze besonders ausdrucksstark zu machen. Das Ergebnis ist oftmals eine unnatürliche, verkrampfte Gestalt.

Wässern: Außer im Mai, wenn die Pflanze kräftig an Wuchs zulegt, muß sparsam gewässert werden. Am natürlichen Standort sind *Juniperus communis* Hungerkünstler und wachsen in zehn Jahren kaum mehr als 20 cm. Als Topf- oder Gartenpflanze kann man sie dagegen regelrecht mästen, indem man mäßig gießt. Die

Wasserqualität spielt keine besondere Rolle. Selbst sehr kalkhaltiges Wasser wird angenommen. Im Winter müssen Wacholder von Zeit zu Zeit überprüft werden, ob sie nicht zu trocken sind. An frostfreien Tagen kann etwas gegossen werden. Immergrüne Gehölze brauchen auch im Winter Wasser.

Kriechwacholder, Juniperus horizontalis 'Prostrata'

Es gibt sehr viele Zuchtformen von Wacholder, unter anderem viele flach wachsende und kriechende Formen. Eine Sorte soll besonders herausgestellt werden, die als Bonsai ziemlich unbekannt ist, *Juniperus horizontalis* 'Prostrata'. Es ist eine blaue, ganz flach wachsende Pflanze, kaum höher als 5 cm. Die Pflanze windet sich oft mehrstämmig und schlangenförmig auf dem Boden. Die Sorte ist sehr schnellwüchsig und entwickelt innerhalb von zehn Jahren einen armdicken Stamm, der geknickt und gewunden aus dem Boden ragt. Verwendet wird diese Sorte für Troggärten, auf Friedhöfen und in Rabatten.

Erde: Ein mineralisches Erdgranulat, gut durchlässig und ein kleiner Humusanteil von 10–20% ist die richtige Mischung. Zum Eintopfen für die Anzucht im Freiland ist eine sandige, durchlässige Humuserde geeignet. In Schalen und Containern ist eine Drainageschicht von 3 cm nötig.

Düngung: Die Anzucht von *Juniperus horizontalis* erfolgt im Freiland, und dort kann etwas üppiger gedüngt werden. Bei sorgsamer Pflege und guter Düngung haben Pflanzen nach etwa zehn Jahren einen Stammdurchmesser von 8–10 cm. Das ist für einen Wacholder ungewöhnlich viel. Bei Anzucht in Töpfen kann in dieser Zeit nicht mit einem so starken Stammzuwachs gerechnet werden. Als Dünger ist organischer Pulver- oder Kugeldünger zu empfehlen. Im Freiland kann mit Mineraldünger gedüngt werden, alle 6 Wochen 1 Teelöffel auf 0,25 m^2 verteilt.

Überwinterung: Kleine Pflanzen in kleinen Schalen müssen geschützt überwintert werden, eingegraben oder unter Folie. Große Pflanzen in großen Töpfen können selbst in rauhen Lagen im Freien überwintert werden. Es genügt, wenn man die Pflanzen etwas zusammenrückt, damit sie sich gegenseitig schützen.

Drahten: Auch diese Wacholderart kann das ganze Jahr über gedrahtet werden. Ältere Pflanzen, die starke Hauptäste haben, müssen doppelt eingedrahtet und von Monat zu Monat nachgebogen werden. Teile, die längere Zeit eingedrahtet sind, müssen ständig kontrolliert werden, denn diese Wacholderart wächst im Stamm und Hauptastbereich besonders schnell und hat eine relativ glatte Rinde, die keine Drahtnarben zuläßt.

Schneiden der Äste: Äste können bei *Juniperus horizontalis* das ganze Jahr über geschnitten werden. Ein Wundverschluß ist nicht nötig.

Formschnitt: Der größte Teil der Grünmasse wird ausgezupft und ausgerissen. Verholzte Triebe schneidet man mit der schmalen Scherenspitze heraus. Von Mitte April bis Ende Juni muß unbedingt wöchentlich gezupft werden, um eine optimale Form zu erreichen. Bodendeckende oder kriechende Formen haben die Eigenschaft, immer nach unten zu wachsen. Neue Asttriebe, die nach unten wachsen, müssen abgeschnitten oder hochgedrahtet werden.

Standort: Ein heller Standort ist für diesen Wacholder unbedingt nötig, ein erhöhter Standort dagegen nicht, da sich die unteren Äste stärker entwickeln als die oberen. Es ist also genau umgekehrt wie bei aufrecht wachsenden Formen.

Umtopfen und Ausgraben: Das Ausgraben kann Probleme bereiten, da die Krone einen flachen Teller bildet, der nicht ohne weiteres durchstochen werden kann. Man muß also großräumig ausgraben. Selbst die Wurzel darf nicht radikal gekappt werden, da diese Sorte im Wurzelschnitt empfindlich ist. Nach dem Ausgraben muß der Rohling in ein großes und hohes Gefäß gepflanzt werden. Nach etwa drei Jahren kann in eine geräumige Bonsaischale getopft werden. Die richtige Zeit zum Aus-

Kriechwacholder 35 cm hoch, seit 5 Jahren aus einer Baumschulpflanze gestaltet

Juniperus chinensis 'Aurea'
33 cm hoch,
15 Jahre alt.
Schale Petra Engelke

graben ist Mitte bis Ende April. Bonsais, die von einer kleinen in eine größere Schale getopft werden, dürfen nur einen sanften Wurzelschnitt bekommen.

Stilformen: Mit *Juniperus* wird man sehr wilde und recht dramatische Formen gestalten. Künstliches Altern wie Shari und Jin bieten sich an. Strenge und gerade Formen sind selten möglich. Für den Anfänger empfehlen sich Kaskaden und Halbkaskaden.

Wässern: Allgemein brauchen Wacholder nicht allzuviel Wasser. Mäßiges Gießen bringt die Pflanze gut voran. Von Mai bis August kann kräftig gegossen werden. Die Qualität des Gießwassers spielt eine untergeordnete Rolle, denn auch diese Wacholderart stellt keine hohen Ansprüche.

Verzeichnisse

Bezugsquellen

Raritätengärtnerei Familie Treml, Eckerstr. 32, 93471 Arnbruck

Bonsai-Fachgeschäft Wolfgang Bulda, Rübenkamp 5d, 22305 Hamburg

Herbert Busler, St. Antonistr. 2, 94436 Simbach

Bonsai-Centrum Heidelberg, Mannheimer Str. 401, 69123 Heidelberg-Wieblingen

Bonsai-Centrum Elsholz, Röntgenstr. 3, 24537 Neumünster

Bonsai-Centrum Wilfried Geßner, Weseler Str. 333, 47495 Rheinberg

Bonsai-Boutique Ch. Gromadecki, Mehringdamm 46, 10961 Berlin

Gartenbau M. Härtl, Eckhardsborn 2, 34134 Kassel

Bonsai-Zentrum Wolfgang Klemend, Weseler Str. 57, 48151 Münster

Südflora Baumschulen P. Klock, Stutsmoor 42, 22607 Hamburg

Gartenzentrum Lambert & Söhne, Franz-Georg-Str. 50, 54292 Trier

Bonsai-Fachgeschäft Siegmund Markwart, Röpraredder 2, 21031 Hamburg

Kakteen-May, Am Holzweg 17-21, 65830 Kriftel

Pfisterer-Bonsai G. u. J. Pfisterer, Friesenbergstr. 27, 76530 Baden-Baden

Blumen- und Zierpflanzenbau Prinsler, Eudenbachstr. 42, 53773 Hennef

Baumschulen Otmar Rösch, Am Achernsee 2, 77855 Achern

Gartenbau Hermann Rothe, (Inhaber: M. und A. Grille) Clayallee 282, 14169 Berlin

Blumen-Schmid, Fuldatalstr. 26, 34125 Kassel-Wolfsanger

Baumschule Robert Schneck & Söhne OHG, Fellbacher Str. 158, 70736 Fellbach

Bonsai-Studio Christa Triesch, Pappelweg 8, 63674 Altenstadt

Bonsai-Börse-Bremen, Bernward Wagner, Wyck-Straße 11, 28213 Bremen

Baumschulen s. auch Erhardt, Pflanzen-einkaufsführer

s. auch Anne und Walter Erhard
Pflanze gesucht? – Der große Einkaufsführer für Deutschland, Österreich und die Schweiz
4. Aufl. 2000, Verlag Eugen Ulmer
auch als CD erhältlich

Liebhabergesellschaften

Bonsai-Club, Seumestr. 8, 81379 München

Bonsai-Museum, Öffnungszeiten täglich 10 bis 16 Uhr, Mannheimer Str. 401, 69123 Heidelberg

Förderverein Landschloß Pirna-Zuschendorf e.V., Am Landschloß 6, 01796 Pirna

Bonsai-Zentrum, Latschaustr. 10B, A-6774 Tschagguns

Schweizer Bonsaizentrum, Degerfeldstr. 4, CH-5107 Schinznach

In vielen Arbeitskreisen auf örtlicher Ebene (die Adressen erfährt man bei den jeweiligen Clubs) hat man die Möglichkeit, den Kontakt zu Gleichgesinnten zu pflegen, Erfahrungen auszutauschen und noch mehr über die Bonsaigestaltung und Bonsaipflege zu erfahren.

Register

Fettgedruckte Seitenzahlen verweisen auf eine Abbildung.

Weiterführende Literatur

Erhardt, A. u. W.: Pflanzen-Einkaufsführer. Verlag Eugen Ulmer, Stuttgart 1995, 2. Aufl.
Johnsson, H.: Das große Buch der Bäume. Hallwag Verlag, Bern und Stuttgart 1978.
Kawollek, W.: Das praktische Bonsai-Buch. Verlag Eugen Ulmer, Stuttgart 1992, 2. Aufl.
Köhlein, F.: Pflanzen vermehren. Verlag Eugen Ulmer, Stuttgart 1993, 8. Aufl.
Lesniewicz, P.: Bonsai. Falken-Verlag, Niedernhausen 1981.
Lesniewicz, P.: Miniaturbäume. BLV-Verlagsges. München, 1981.
Bonsai Club. Zeitschrift des Vereins europäischer Miniaturbaum-Freunde e.V. Triftelstr. 15, 67269 Grünstadt
Telefon: 06359-84941

Bildquellen

Foto Seite 89: Josef Wiegand
Alle anderen Fotos sowie die Zeichnungen vom Autor.